AF618650

Mack

STILLE
WEITE
FERNE
NÄHE

Ulrich Mack

STILLE WEITE FERNE NÄHE

Mit Texten von
Hans-Michael Koetzle
und Erika Billeter

HIRMER

Vorwort

Das vorliegende Buch erscheint aus gutem Grund: An der Schwelle seines neunten Lebensjahrzehnts kehrt der als »so etwas wie der große Einzelgänger innerhalb der deutschen Fotografie des späten 20. Jahrhunderts« (Hans-Michael Koetzle) geltende Ulrich Mack – erstmals und endlich – mit einer außergewöhnlichen Ausstellung zurück in die Landschaft, in der er geboren wurde: nach Thüringen.

Mit Freude und Stolz präsentiert das traditionsreiche Thüringer Museum zu Eisenach anlässlich des 80. Geburtstages von Ulrich Mack die Ausstellung »Stille – Weite – Ferne – Nähe« im Stadtschloss.

Die Sammlungsschwerpunkte des Thüringer Museums sind seit mehr als einhundert Jahren vorwiegend kultur- und kunstgeschichtlicher Art. Dazu gehören seit den letzten anderthalb Jahrzehnten verstärkt auch die Geschichte und Kulturgeschichte der Fotografie.

Wegweisend für diesen Sammlungsschwerpunkt war der in Eisenach – buchstäblich am Fuß der Wartburg und nahe dem Geburtshaus Johann Sebastian Bachs – geborene Hugo Brehme (1882 – 1954). Fast ein halbes Jahrhundert lebte und arbeitete Brehme in Mexiko und begleitete wichtige historische Ereignisse des Landes mit seiner Kamera. Heute gilt er als einer der herausragenden deutschen Fotografen der ersten Hälfte des 20. Jahrhunderts, sein fotografisches Lebenswerk ist als UNESCO-Weltkulturerbe gewürdigt. Die vorhandene Sammlungsgrundlage ergänzen nunmehr – dank der Unterstützung der Ernst von Siemens-Stiftung – zwei Konvolute Ulrich Macks: »Stille« und »Weite«.

In einer bemerkenswerten Laudatio anlässlich der Verleihung des Goethepreises 2008 an die Prinzipalin des deutschen Tanztheaters Pina Bausch fand der Filmregisseur Wim Wenders folgende Worte: »[...] in unserer Gesellschaft heute ist nicht alles Gold, was glänzt. Wir haben es immer häufiger mit falscher Münze zu tun. Wenn etwas besonders glänzt, ist es häufig auch besonders gemacht, künstlich, ›fake‹«. Weiter beklagte er in seiner Rede den Verlust von Gefühlen und deren unechte Präsentation im Fernsehen, im Kino, auf Bühnen, auch in Museen. Interpretationen, denen man sein volles Vertrauen geben könne, würden immer seltener: »Nicht, wenn Sie sich Pina anvertrauen«, lautete an dieser Stelle sein Zwischenruf. Und ich möchte, die Fotografie betreffend, »gefühlvoll« ergänzen: »Nicht, wenn Sie sich Mack anvertrauen.«

Mehrfach vertraute ich mich in den zurückliegenden drei Jahren Ulrich Mack in dessen Hamburger Studio an, war stets und aufs Neue beeindruckt. Die vielen Stunden des Schauens und der Gespräche bilden die Grundlage dieser Ausstellung. Den Hamburger Begegnungen vorausgegangen war ein tiefgründiger Gedankenaustausch mit der kenntnisreichen Erika Billeter. In deren mit Büchern vollgestopftem Chalet hoch über dem Genfer See sprachen wir über Hugo Brehme und auch über Ulrich Mack. Erstaunlich, wie viele »Wanderungen« dieser Ausstellung vorausgingen und wie gerecht sie am Ende ihrem Titel geworden sind: Stille – Weite – Ferne – Nähe.

Lassen Sie mich an dieser Stelle im Namen des Thüringer Museums und der Stadt Eisenach allen Institutionen und Personen, welche diese Ausstellung ermöglicht haben, auf das Herzlichste Dank aussprechen.

Vorangestellt Ulrich Mack für die durch sanftes Auslösen festgehaltenen »magischen Momente«. Ohne die großzügige finanzielle Förderung des Sparkassenverbandes Westfalen-Lippe und des Sparkassen- und Giroverbandes Hessen-Thüringen und deren Präsidenten, Dr. Rolf Gerlach und Gerhard Grandke, wären diese Ausstellung und das Begleitbuch eine Vision geblieben. Maßgebliche Unterstützung erfuhr dieses Ausstellungsprojekt ebenfalls durch das Thüringer Ministerium für Bildung, Wissenschaft und Kultur. Danken möchte ich vor allem auch Hans-Michael Koetzle, dass er sich auf dieses Vorhaben und die Stadt Eisenach eingelassen hat.

Reinhard Lorenz
Leiter des Kulturamtes
der Stadt Eisenach

Grußwort

Was wären wir ohne die Möglichkeit, hin und wieder unsere Fantasie auf die Reise zu schicken und mit neuen Eindrücken zurückzukehren?

Sehr geehrte Damen und Herren, wir freuen uns, dass das Thüringer Museum Eisenach gemeinsam mit der Stadt Eisenach eine Möglichkeit geschaffen hat, anlässlich des 80. Geburtstags von Prof. Ulrich Mack die Ausstellung »Stille – Weite – Ferne – Nähe« im Stadtschloss am Eisenacher Marktplatz zu präsentieren.

Ulrich Mack ist Fotograf und hat den deutschen Bildjournalismus der 60er- und 70er-Jahre entschieden geprägt. Im Jahr 1964 gewann er den World Press Award, von 1967 bis 1972 war er Fotograf beim *Stern*, er war Artist in Residence an der School for the Arts der Boston University und Professor an der Fachhochschule Dortmund. Dort lehrte er mehrere Generationen junger Fotografen die Kunst der Fotografie und die Leidenschaft zum Detail.

Thüringen und das Ruhrgebiet sind zwei besondere Stationen in Macks Vita. In Thüringen – in Glasehausen geboren – liegen seine familiären Wurzeln. Als 25-Jähriger kam er zum ersten Mal in das Ruhrgebiet und verliebte sich in die Region. Seine Schwarz-Weiß-Fotografien geben auch heute noch die kühle Ästhetik von Förderanlagen, Kühltürmen und Kohlehalden wieder.

Wir wünschen Ihnen als Besucher der Fotografie-Ausstellung und als Betrachter dieses Bildbandes spannende Perspektiven und neue Eindrücke.

Gerhard Grandke
Präsident
Sparkassen- und Giroverband
Hessen-Thüringen

Dr. Rolf Gerlach
Präsident
Sparkassenverband
Westfalen-Lippe

Hans-Michael Koetzle
»Nur Schwarz geht nicht«
Zu den Landschaften des Fotografen Ulrich Mack

Wer sich mit dem facettenreichen Werk des in Thüringen geborenen, an der Niederelbe bei Stade aufgewachsenen, heute in Hamburg lebenden Fotografen Ulrich Mack beschäftigt, stößt irgendwann auf ein größeres Konvolut farbiger Landschaftsaufnahmen, die gleich mehrfach den aktuellen Trends einer neueren, sich als Fotokunst gebärdenden Medienpraxis widersprechen. Bis dato weitgehend unveröffentlicht, sieht man von wenigen Beispielbildern in Zeitschriften, Büchern oder Katalogen ab, hat Ulrich Mack diesem für ihn wichtigen Zyklus in drei Kapiteln zudem eine ausgesprochen poetische Überschrift verordnet. Also kein modischer Anglizismus, kein »Label«, keine »Headline«, sondern ein überlegtes, knappes Dreieck, in dem sich ein großes, zugleich bis dato weitgehend übersehenes Kapitel Fotografie wunderbar aufgehoben fühlen darf: »Stille – Weite – Ferne« überschreibt Ulrich Mack seine seit Anfang der 1970er-Jahre im Norden Deutschlands und nahe Boston in den USA entstandenen Landschaftsbilder, die sich schon auf den ersten Blick als bewusste Antithese zu eigentlich allen Moden der letzten Jahre lesen lassen: Vom urbanen Dokumentarismus der bundesdeutschen 70er-Jahre mit Namen wie Ulrich Görlich, Michael Schmidt oder Wilhelm Schürmann über die konzeptionell gefassten Arbeiten der Becher-Schule bis hin zu den Aufnahmen eines Robert Adams, Lewis Baltz, Frank Gohlke oder Stephen Shore, deren Fotografie spätestens seit der viel diskutierten, 1975 im George Eastman House in Rochester gezeigten Ausstellung »New Topographics« international Beachtung fand. Was die genannten Künstler verbindet, ist ihre Abkehr vom traditionellen Landschaftsbild, ihre Hinwendung zu dem, was seit den 70er-Jahren als »man altered landscape« bezeichnet wird, zu einer Natur also, die ihre Unschuld verloren hat. Einer gedemütigten, überbauten, zerstörten, benutzten, kontaminierten Natur – vorzugsweise in Schwarz-Weiß und in der Regel zyklisch angelegt.

Genaugenommen ist die Landschaft mit das erste und zugleich prominenteste Sujet der Fotografie. Natur lag buchstäblich vor der Tür. Natur bewegte sich nicht, was den zunächst langen Belichtungszeiten entgegenkam. Und Natur verwies in einer Zeit, da sich das Lichtbild noch in seinem künstlerischen Potenzial legitimieren musste, auf eine große Tradition in Grafik, Zeichnung oder Tafelmalerei. Speziell in der amerikanischen Fotografie des 19. Jahrhunderts – mit Namen wie William Henry Jackson, Eadweard Muybridge oder Timothy O'Sullivan – avancierte die fotografische Interpretation heroischer Landschaften aus dem noch unerschlossenen Westen zum identitätsstiftenden Symbol. »Annähernd jeder bedeutende amerikanische Fotograf«, bestätigt Jonathan Green in seiner kritischen Geschichte der amerikanischen Fotografie, »beugte sich der Herausforderung, dieses Land zu verstehen, den Westen zu erkunden, seine Weite und Schönheit ebenso wie die mitunter drastischen Eingriffe in die Natur auf Film zu bannen.« Noch einmal spielte das Thema Natur mit grazilen Flussläufen, anmutigen Birkenhainen, stimmungsvollen, mondbeschienenen Lichtungen in der Kunstfotografie um 1900 eine wichtige Rolle, bevor sich die Neue Fotografie der 20er- und 30er-Jahre ganz der Technik, der Dynamik einer neuen Zeit zuwandte. Wo überhaupt noch das Objektiv auf die Natur gerichtet wurde, interessierte bestenfalls die nah gesehene Architektur von Pflanzen (Karl Blossfeldt), faszinierte das Geflecht von Linien und Strukturen in Watt (Alfred Ehrhardt) oder Sand (Arvid Gutschow) oder sie bildete die mitunter unscharfe Kulisse für »Entscheidende Augenblicke« wie bei Henri Cartier-Bresson, der sein Desinteresse an der Landschaft nie verheimlicht hat: »Große, talentierte Künstler wie Edward Weston oder Paul Strand oder Ansel Adams halten sich eher an das natürliche, geologische Element, an die Landschaft, das Denkmal. Ich hingegen kümmere mich fast nur um den Menschen. Ich habe es sehr eilig. Die Landschaften haben ewig Zeit.«

Um den Menschen gekümmert hat sich auch der Fotograf Ulrich Mack. Zunächst für die in München erschienene auflagenstarke Illustrierte *Quick,* später für den Hamburger *Stern* hat er Kriege und Konflikte, Staatsbesuche und Naturkatastrophen, Aufstände oder eher leise Momente des politischen Lebens mit der Kamera begleitet. Er hat Politiker wie Ludwig Erhard, Herbert Wehner, Franz Josef Strauß – die Kühlerfiguren der jungen Bundesrepublik – in eher intimen Augenblicken beobachtet. Hat Künstler wie Friedensreich Hundertwasser, Horst Janssen oder Emil Schumacher porträtiert, auch den großen Alexander Calder, dem Mack gleich einen ganzen Zyklus (in Farbe und Schwarz-Weiß) gewidmet hat. Und wer sich an die legendäre, von Willy Fleckhaus kongenial gestaltete Jugendzeitschrift *twen* erinnert, denkt ganz sicher an seine suggestiven Aufnahmen von Hildegard Knef oder Françoise Hardy. Seinen in doppelter Hinsicht kühnen Essay über Wildpferde in Kenia nicht zu vergessen, der dem gerade mal 30-jährigen Ulrich Mack World-Press-Photo-Preise in gleich mehreren Kategorien eingetragen hat. Keine Frage: Ulrich Mack ist ein bedeutender Chronist. Und er ist ein großer Menschenfänger. Einer, der sich den scheinbaren Luxus gönnt, erst Vertrauen herzustellen, bevor er seine Kamera zückt und auslöst. Das spürt man beim Betrachten seiner Bilder. Offenkundig wird es bei seinen »Inselmenschen«. Nie hätten sie sich geöffnet, wäre da nicht vorher so etwas wie Zutrauen entstanden.

In den 60er- und frühen 70er-Jahren zählte Ulrich Mack – zusammen mit Robert Lebeck, Thomas Hoepker, Stefan Moses – zur Crème bundesdeutscher Fotojournalisten. Ein Bildreporter, dem es nie eingefallen wäre, sich als Künstler zu bezeichnen. Mack sieht sich als verlässlichen Dienstleister gemäß der Erkenntnis: Fotografie ist Handwerk. Aber, so ließe sich hinzufügen, in der Beherrschung des Handwerks liegt die Kunst. Mack ist ein brillanter Techniker. Einer der mit seiner Leica »aus der Hüfte schießen« kann – weil er seine Bilder denkt, bevor er sie macht. Gelernt hat er das an der Hochschule für Bildende Künste in Hamburg, wo ihm neben Eberhard Troeger vor allem Alfred Mahlau zum wichtigen Lehrer und großen Vorbild wurde. »Von Mahlau«, schreibt Désirée Gudmundsson, »lernte er ›Sehen‹ und ›Begreifen‹, dass die Begrenzung ein Bild macht, er entwickelte ein Gefühl dafür, wann und wie ein Bild ›steht‹.« Anders gesagt: Mahlau vermittelte ein Gespür für die Tektonik eines Bildes. Und er ermunterte dazu, die Dinge weiterzudenken. »Eines Tages«, weiß Heinz Spielmann zu berichten, »holte der immer in einen weißen Kittel gekleidete Mahlau Mack in sein Zimmer, setzte sich an den aufgeräumten, links mit Zigaretten, rechts mit Tee bestückten Zeichentisch und erklärte ihm, er müsse seine Zeichnungen farbig anlegen, wenn er sie verkaufen wolle: ›Nur Schwarz geht nicht‹.«

Mit seinem Landschaftszyklus »Stille – Weite – Ferne« betritt Ulrich Mack gleich in doppelter Hinsicht vermintes Gelände. Zum einen, indem er sich mit einer Landschaft auseinandersetzt, die nicht benutzt, verbraucht, verdorben ist, sondern sich den Charme weitgehend unberührter Natur erhalten hat. Zum anderen, indem er sich des lange Zeit als unkünstlerisch diskreditierten Ansdrucksmittels Farbe bedient. Farbe, das war – eigentlich bis zur amerikanischen New-Color-Bewegung in den 70er-Jahren – gleichbedeutend mit Werbung, Mode oder Postkarten im Sinne eines Walker Evans, dessen Urteil über Jahrzehnte den Diskurs bestimmte: »There are four simple words for the matter, which must be whispered: Color photography is vulgar«, hatte Evans einst festgestellt, um allerdings hinzuzufügen: »When the point of a picture subject is precisely its vulgarity [...] then only color film can be used validly.«

Betrachtet man das sich seit den frühen 60er-Jahren formende fotografische Werk von Ulrich Mack etwas genauer, wird man feststellen, dass Landschaft, wenn auch nur in homöopatischen Dosen, immer schon eine Rolle gespielt hat. Schon eines seiner ersten Bilder, die Aufnahme einer bescheidenen Eselskarawane vor gleichsam hingetuschtem Baumbestand lässt sich als Landschaft mit Menschen lesen. Seinen ebenfalls 1959 entstandenen Zyklus über das Ruhrgebiet könnte man mit dem Begriff Industrielandschaften überschreiben. Afrikanische Landschaft, staubtrockene Savanne scheint in seinen Pferdebildern auf, während er bei Bethlehem eine geradezu biblische Landschaft mit Hirten, Schafen, alten Olivenbäumen eingefangen hat. Was sich über Jahre zieht und eher nebenbei entstanden ist, weitete sich Ende der 60er-Jahre zu einem großen Thema. Äußerer Anlass war ein Auftrag des *Stern*. Der habe ihn 1970 nach Süderoog, eine der zehn deutschen Halligen geschickt, erläutert Ulrich Mack. »Halligen sind Inseln, deren Land bei Hochwasser überschwemmt wird, so dass nur noch der Hügel, auf dem das Haus steht, aus den Fluten herausragt. [...] Die Hallig ist wohl der ruhigste Ort Deutschlands, ohne Wasser, ohne Elektrizität«, schreibt Ulrich Mack und fügt hinzu: »Es entstanden keine weltbewegenden Bilder, sondern stille Aufzeichnungen über den Alltag.« Eine Auswahl erschien im November 1970 in der von Allan Porter verantworteten, bei Bucher verlegten Zeitschrift *Camera*. Noch arbeitet Mack mit Kleinbild. Noch vertraut er auf Tri-X, den klassischen Reporterfilm für Schwarz-Weiß-Aufnahmen. Noch spürt man das Interesse des Journalisten, der die Menschen in ihrem Tun begleitet. Mack folgt den Spuren einer Zivilisation, die sich gegen eine übermächtige Natur stemmt. Aber schon bald wird er sich ganz der Landschaft widmen. Wird er die Leica gegen eine betagte Holzkamera eintauschen und den Schwarz-Weiß-Film gegen Ektachrome im großen Format von 4 × 5 inches. Anders gesagt: Der vielgereiste, von Ereignissen getriebene Mack entschleunigt sein fotografisches Tun. Es ist nicht nur ein neues Sujet, das sich hier auftut. Es ist ein Paradigmenwechsel im Leben des Fotografen Ulrich Mack, der ab jetzt mit der Natur ein großes Zwiegespräch beginnt.

Was Ulrich Mack ab Anfang der 70er-Jahre fotografierend erkundet, ist alles andere als eine heroische Natur. Es ist eine, die sich wegduckt, um im nächsten Moment mit ungeheurer Kraft zurückzukehren. Es ist eine Natur, die die Menschen Demut gelehrt hat. Und mit eben dieser Demut nähert sich Mack seinem Gegenstand. Auch nimmt er sich Zeit. Kehrt immer wieder, um im schnell wechselnden Licht die richtige Stimmung einzufangen. Weit geht sein Blick in Richtung Horizont, der als Schnitt, als klare Linie jedes Bild bestimmt. Darüber eher ausnahmsweise eindrucksvolle Wolkenformationen. Darunter Wasser, das rinnt oder steht. Blaugras, das sich im Licht des Abends rostrot färbt. Ein endloser Strand in Gold getaucht. Macks Bilder sind klar komponiert. Farblich delikat und von einer meditativen Kraft, die sich liest wie die Bild gewordene Antithese zu seinen frühen, temporeichen Reportagen.

Formal-ästhetisch folgt Mack den Prinzipien einer wohlkalkulierten, alles Zufällige meidenden, klar strukturierten, überlegt gebauten, handwerklich perfekten Kamerapraxis. Was Emotionen nicht ausschließt. Macks Bilder atmen eine große Sehnsucht. Sehnsucht nach Stille. Nach Weite. Nach einer Ferne, die gleichwohl Heimat werden kann.

Mit einem schlichten Zweisilber hat Ulrich Mack den ersten Teil seines Zyklus überschrieben: »Stille«. Strenggenommen ein Euphemismus. Denn auf Pellworm, wo die Bilder entstanden sind, herrscht alles andere als Stille. Da wäre das Rauschen des Meeres, das man sich bei Macks Bildern hinzudenken muss. Da wäre das ewige Säuseln des Windes. Vor allem das wilde Geschrei der Möven: Ohrenbetäubend, wie Ulrich Mack betont. Aber um eine äußere Stille geht es nicht. Worum es geht, ist eine innere Balance, die Ulrich Mack – stellvertretend für den Betrachter – in dieser Welt gefunden hat. In einer Natur, von der man sagen kann, sie sei mit sich im Reinen.

Was auf Pellworm mit »Stille« und »Weite« seinen Anfang nahm, hat Ulrich Mack 2001 nördlich von Boston fortgeschrieben. Es ist das Jahr, in dem der 11. September die Welt verändern sollte. Mack kontert mit Bildern jenseits von Ideologie, Rache und Gewalt. Buchstäblich erdet er unseren Blick. Lenkt unser Denken in eine kosmische Richtung. »Ferne« hat er diesen Teil seiner visuellen Recherche genannt, einer Recherche, die gänzlich ohne das Ereignis, die Anekdote, den »Event« auskommt. Es sind meditative Bilder. Bilder, in die man eintaucht. Bilder von einer fast fernöstlichen Enthaltsamkeit. Für Ausstellungen lässt Ulrich Mack Dye-Transfers fertigen: Ein kompliziertes, dabei farbsattes, stabiles Umdruckverfahren, das sich über Matritzen in den Farben, in Dichte und Kontrast steuern lässt. Fototechnisch geht es nicht besser, nicht brillanter. Und ästhetisch? Mit seinem Zyklus »Stille – Weite – Ferne« liefert der Hamburger Fotograf Ulrich Mack einen gewichtigen Beitrag zur neueren Farbfotografie. Es sind schlichte und zugleich hochkomplexe Bilder, schöne, aber auch beunruhigende Bilder. Bilder, die den Blick weiten, das Herz wärmen und zugleich verunsichern. Weil sie – quer zum Trend – eine Natur schildern, die sich als weitgehend intakt darstellt. Mack irritiert, indem er nicht auf Abfall, Trash, Zerstörung oder einen öden Alltag blickt, sondern zeigt, was Erde auch sein kann: ein überwältigendes Stück Schöpfung – sehr flach und doch erhaben.

STILLE

14 Düwelswarft

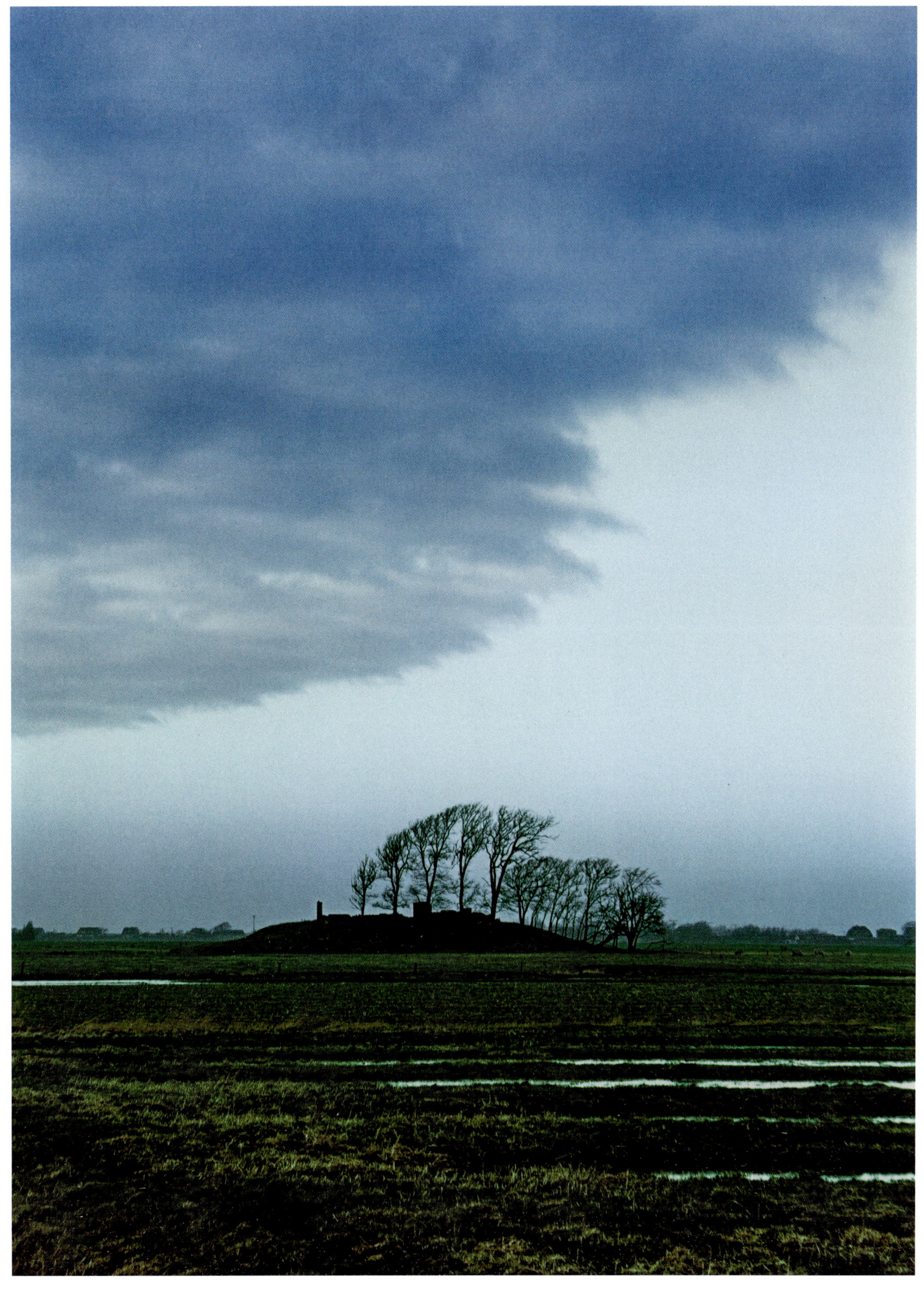

16 Hafenpriel

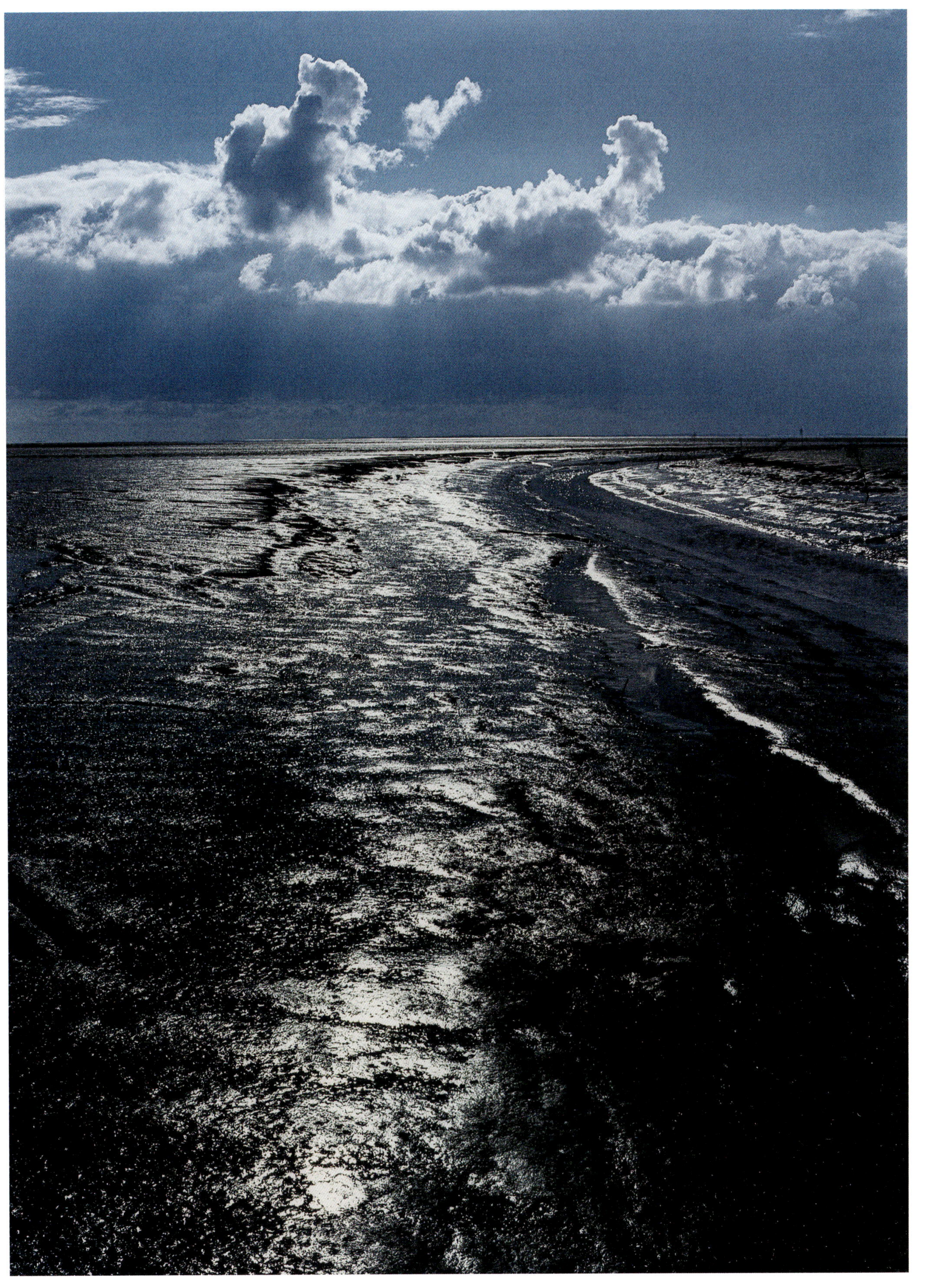

18 Pütten

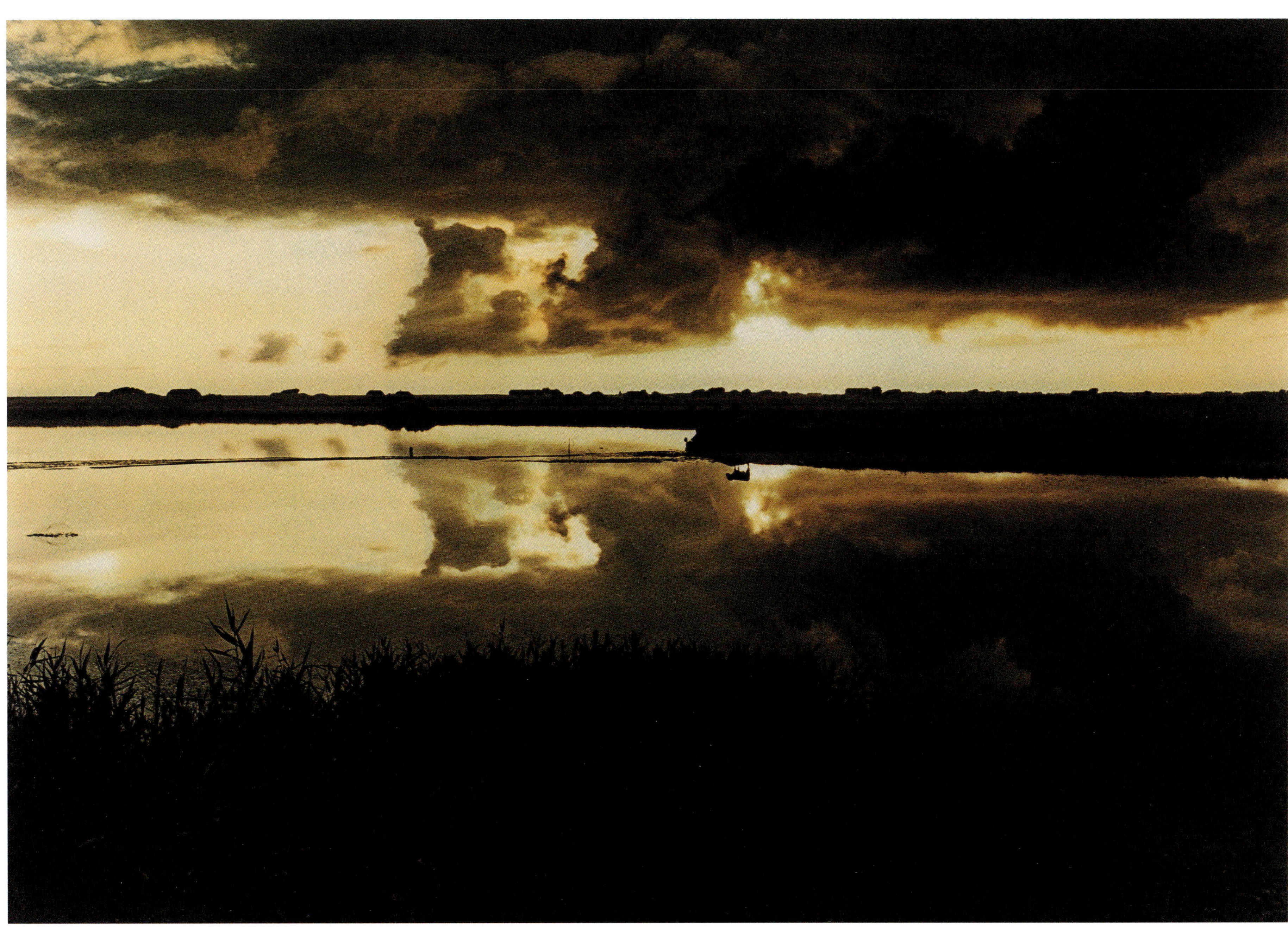

20 Norderoog

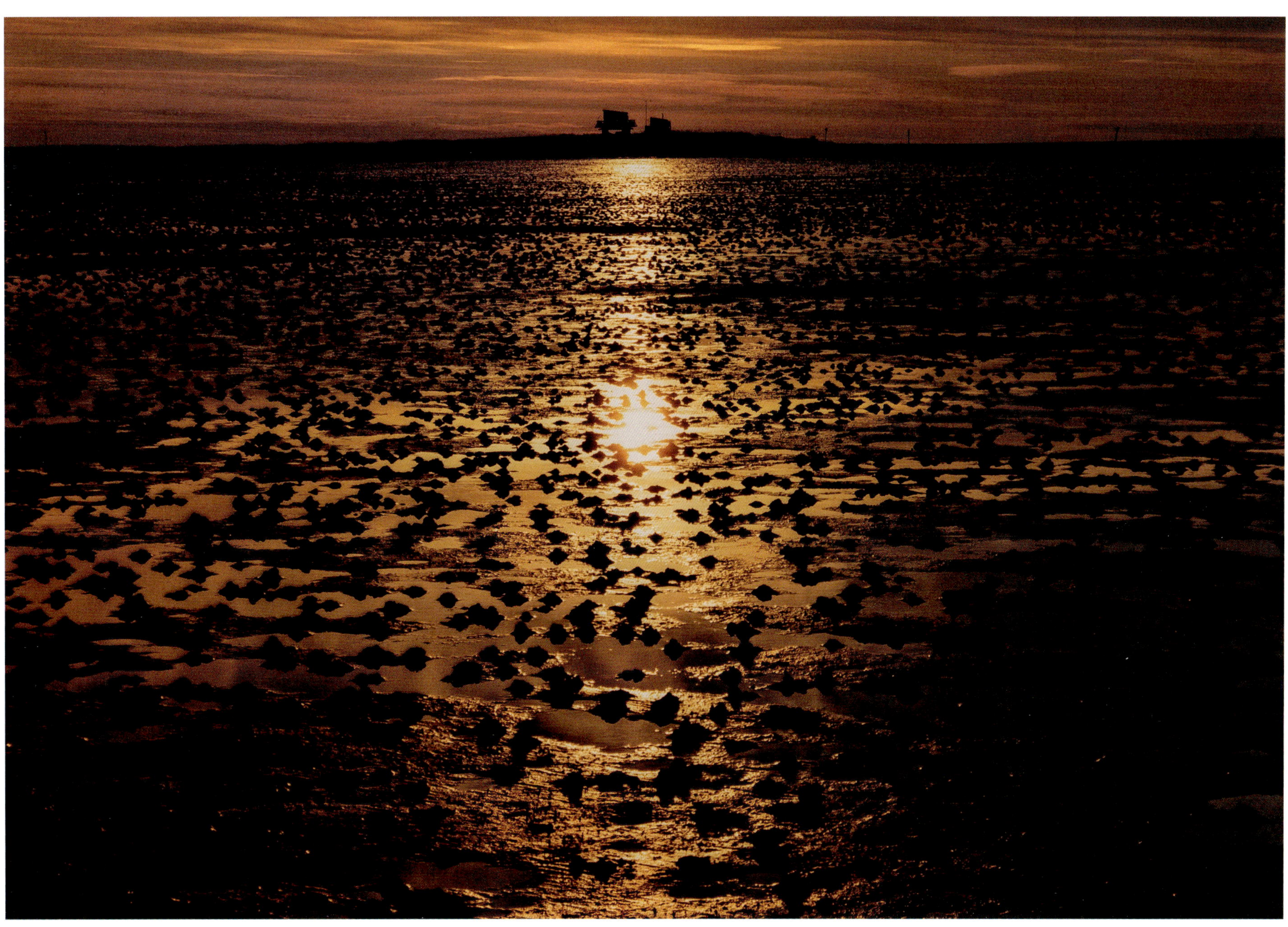

22 Övern Diek

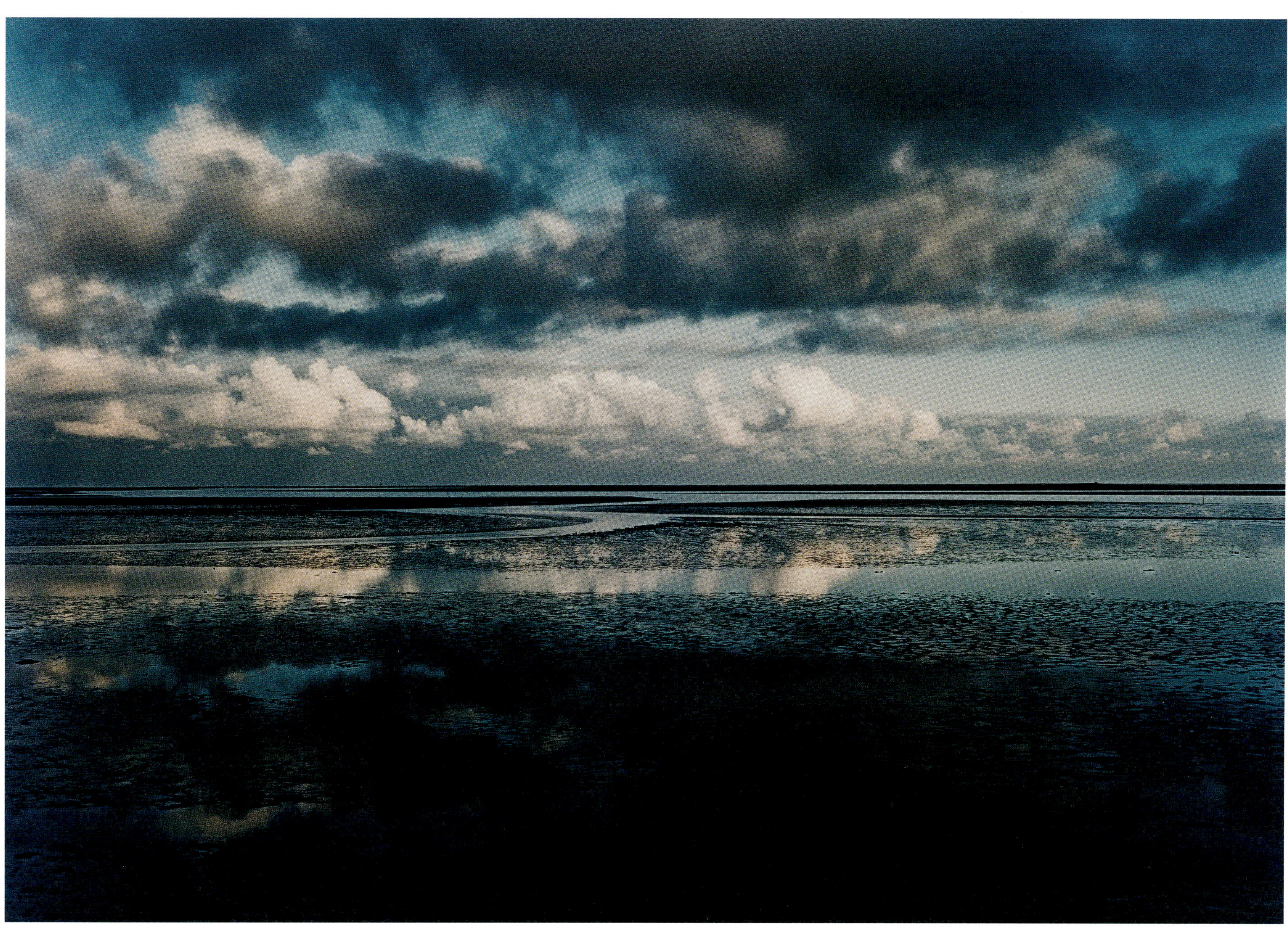

24 Blaugras

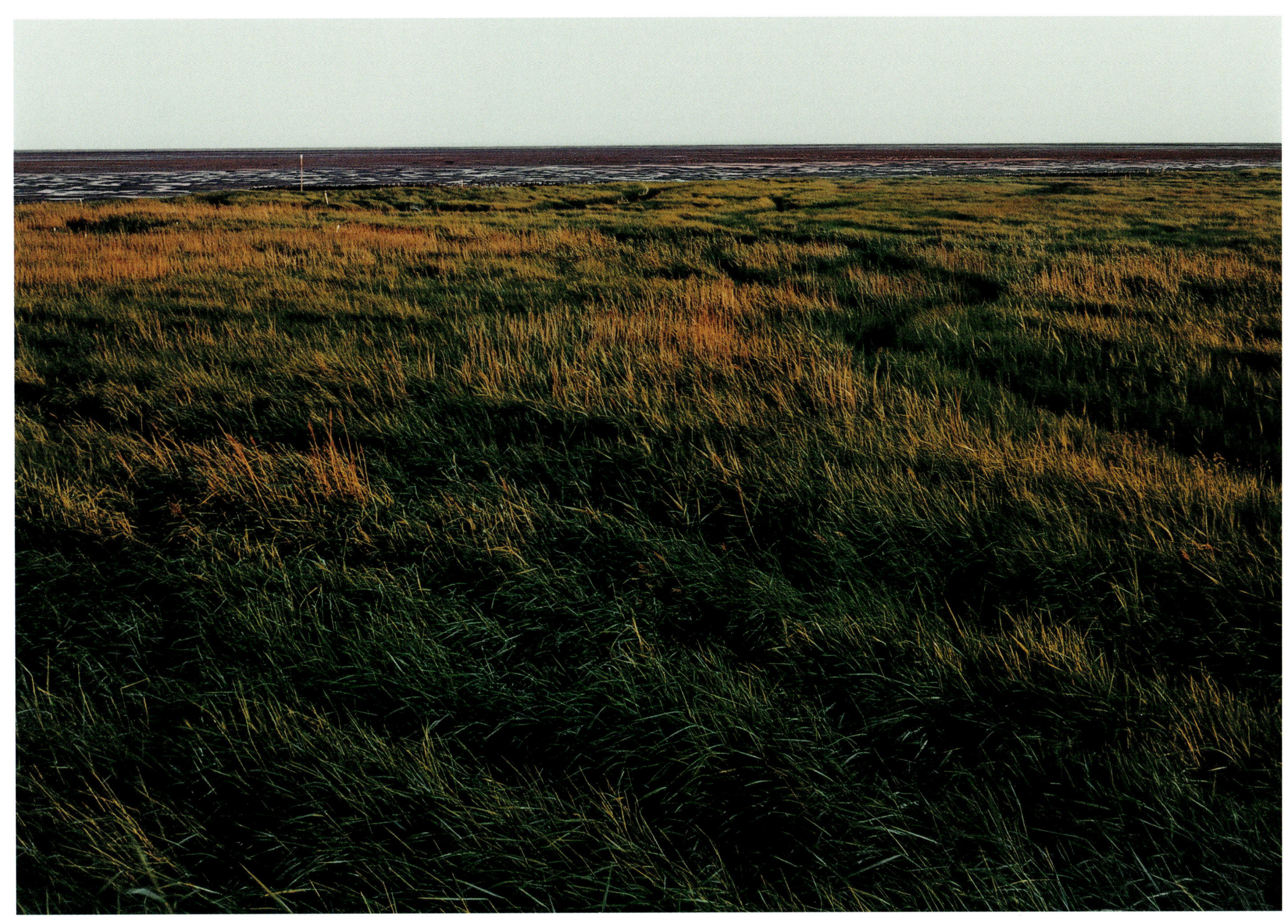

WEITE

28 Rote Wolke

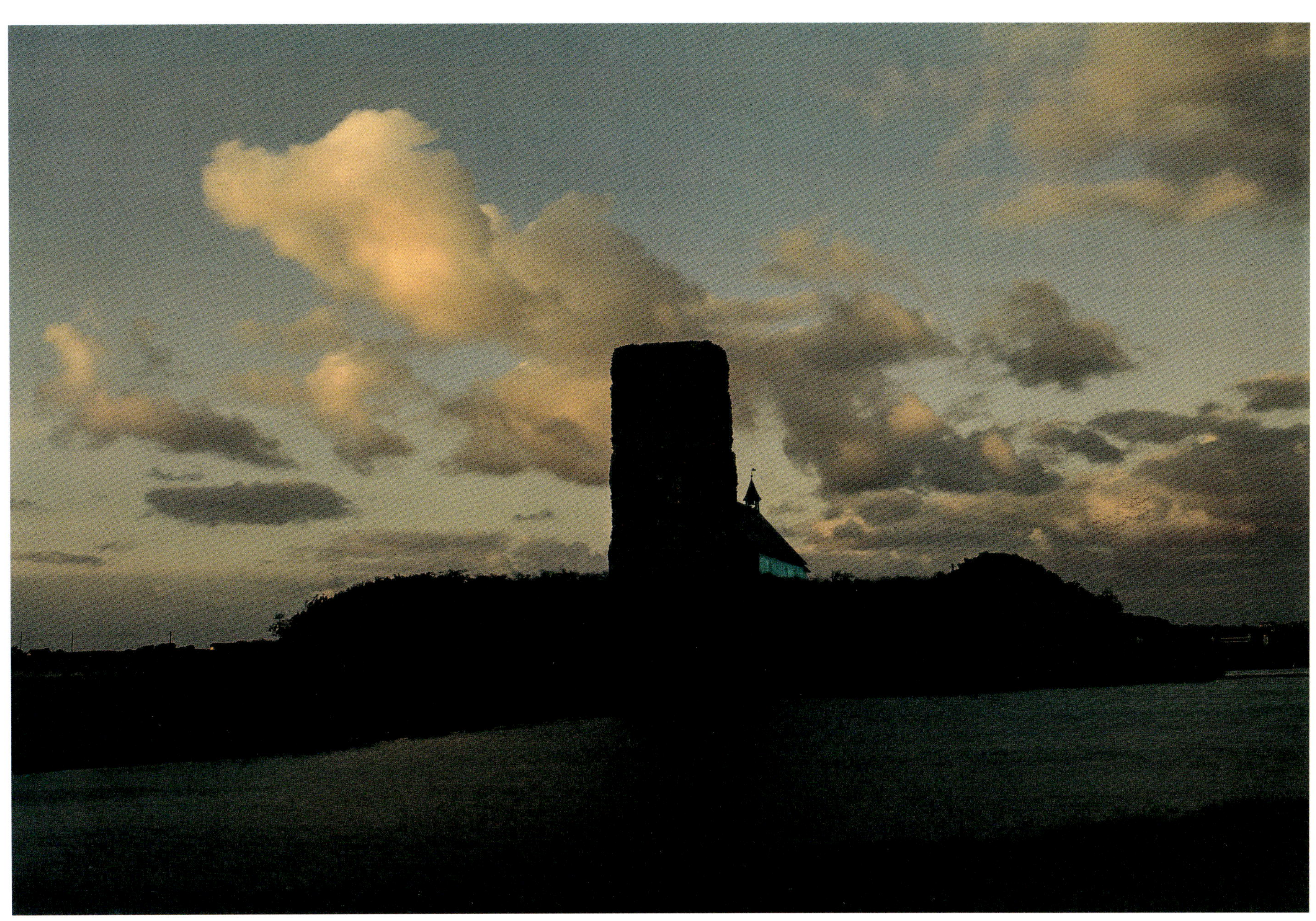

30 Hafenpriel

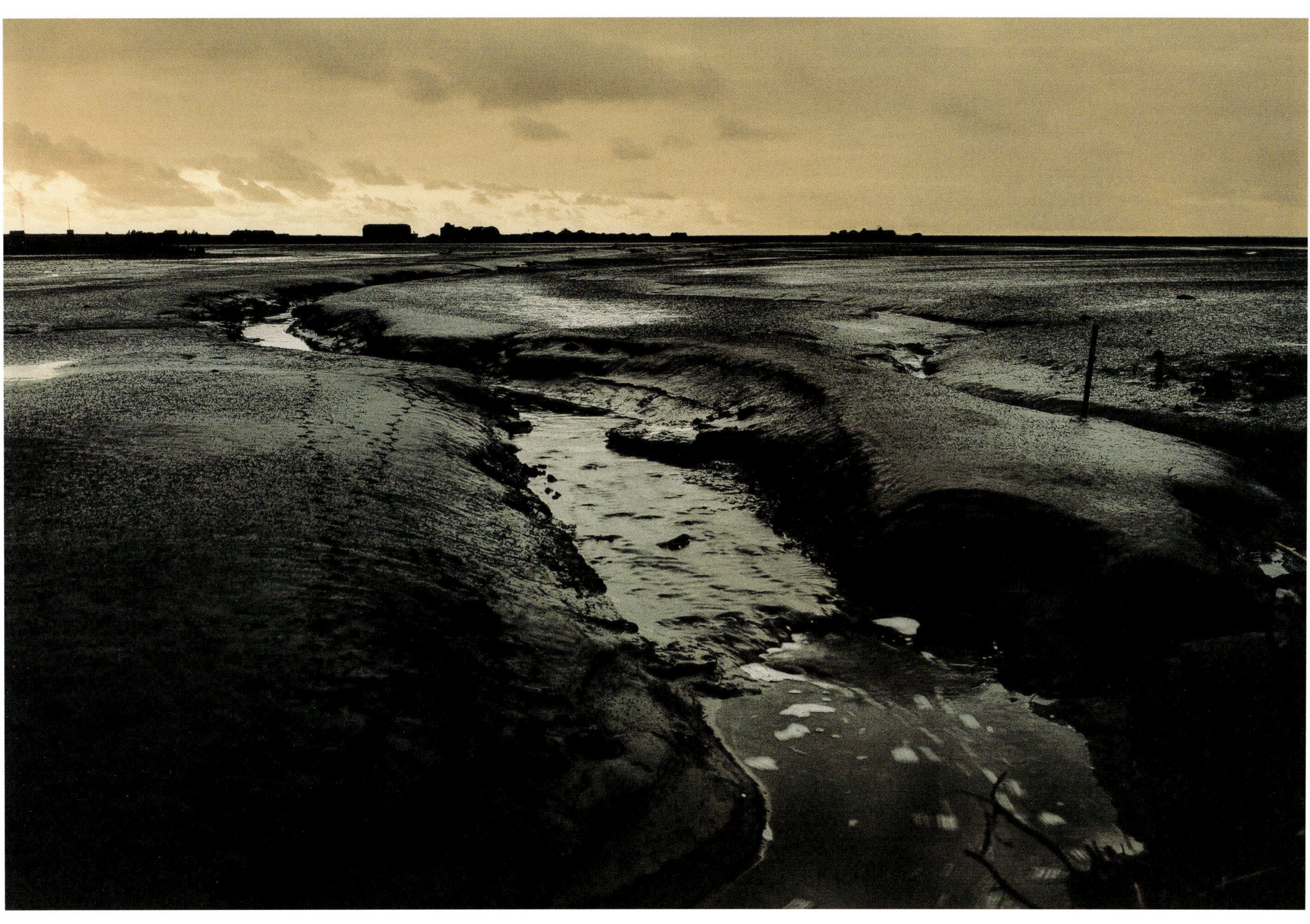

32 Kirchwarft

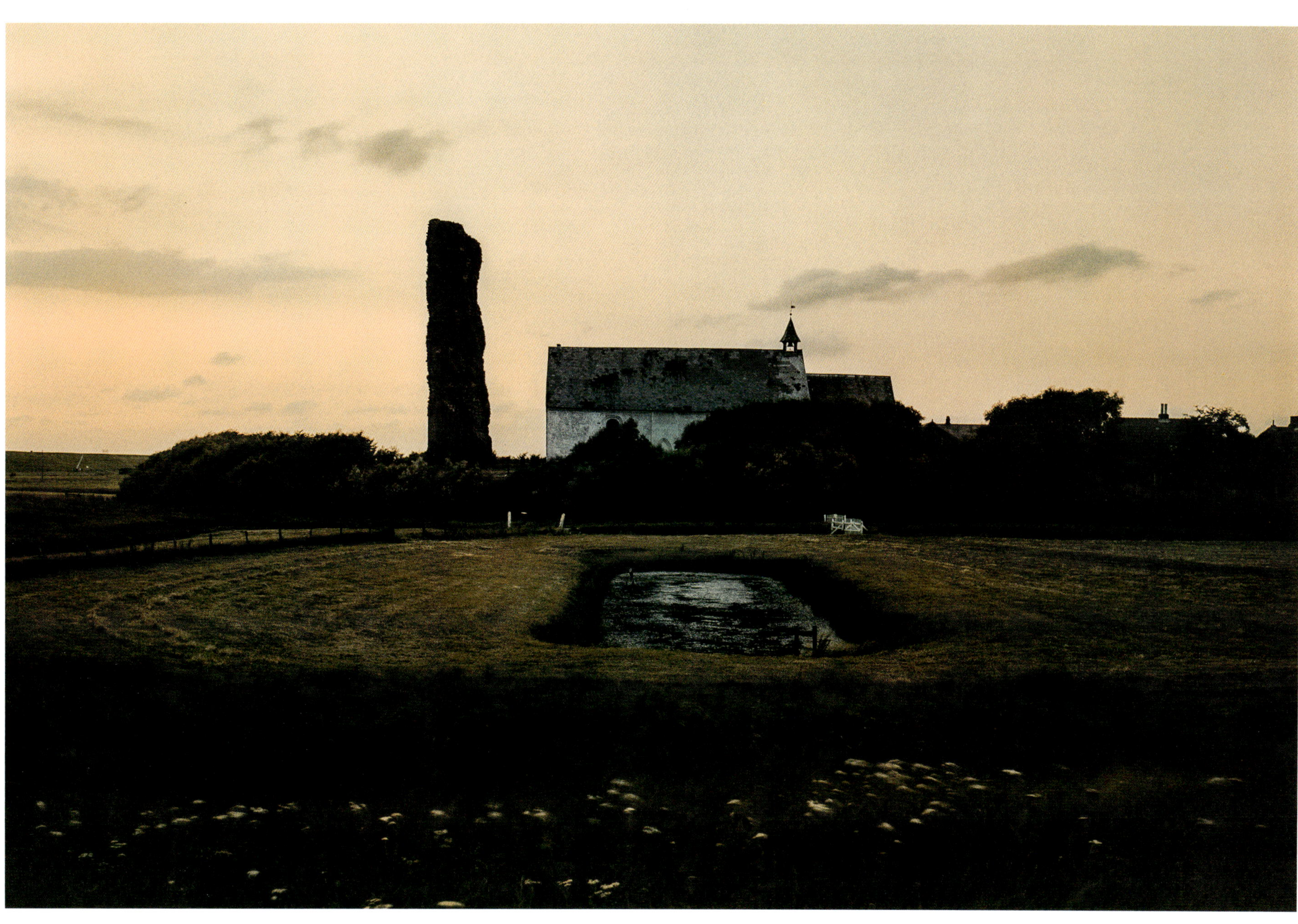

34 Möwennest

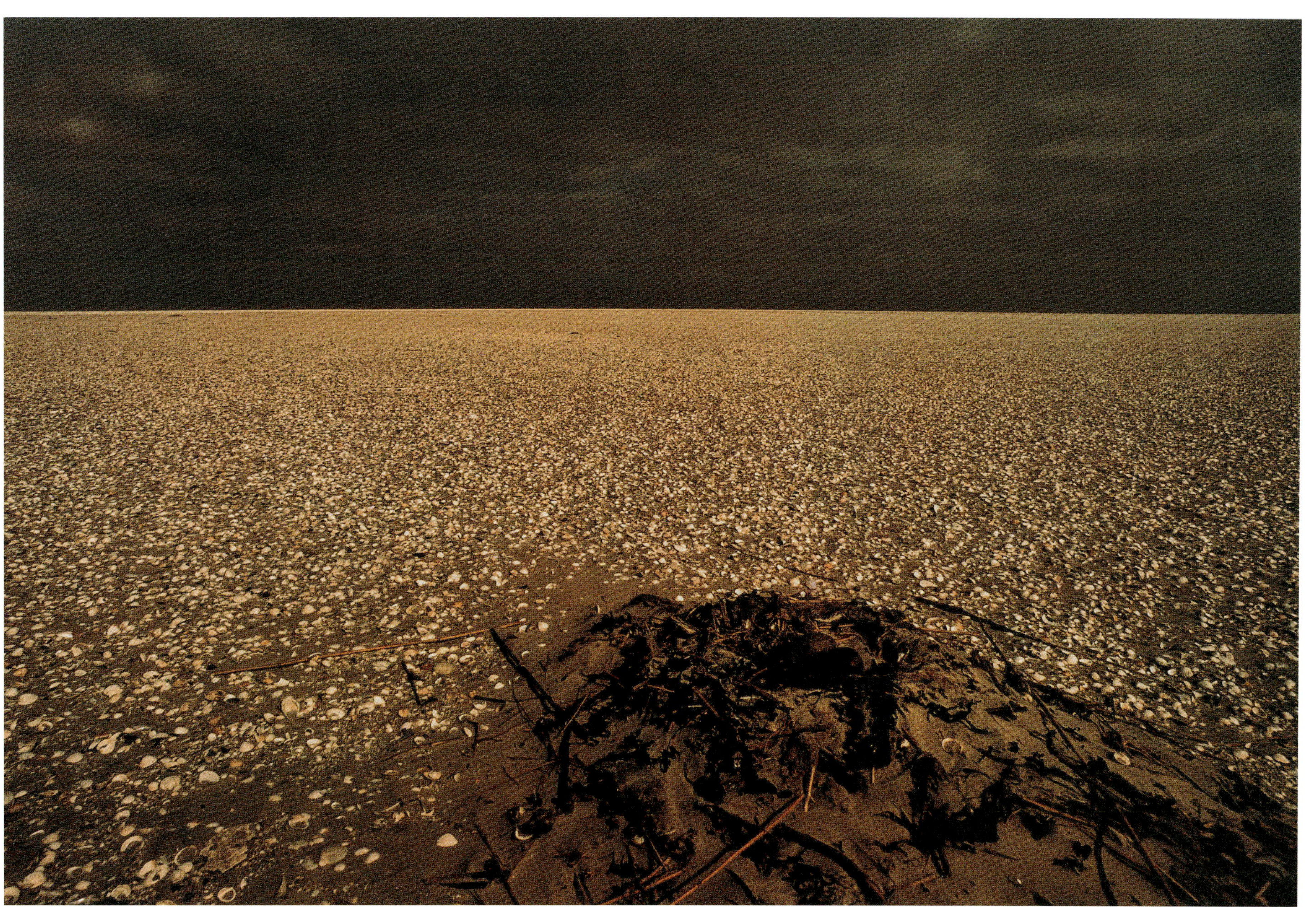

36 Wattwürmer

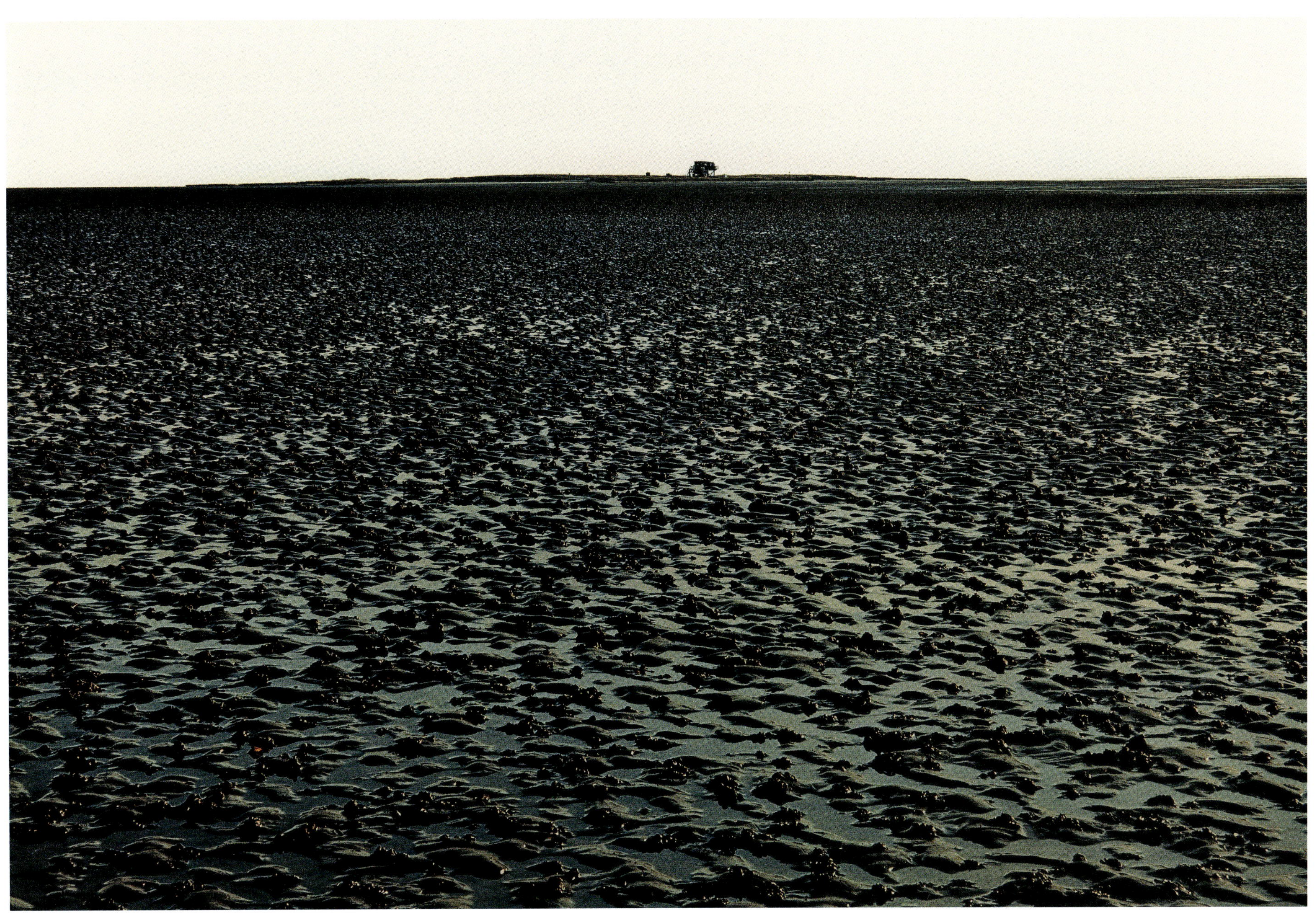

38 Hof von Fiete Nicloy

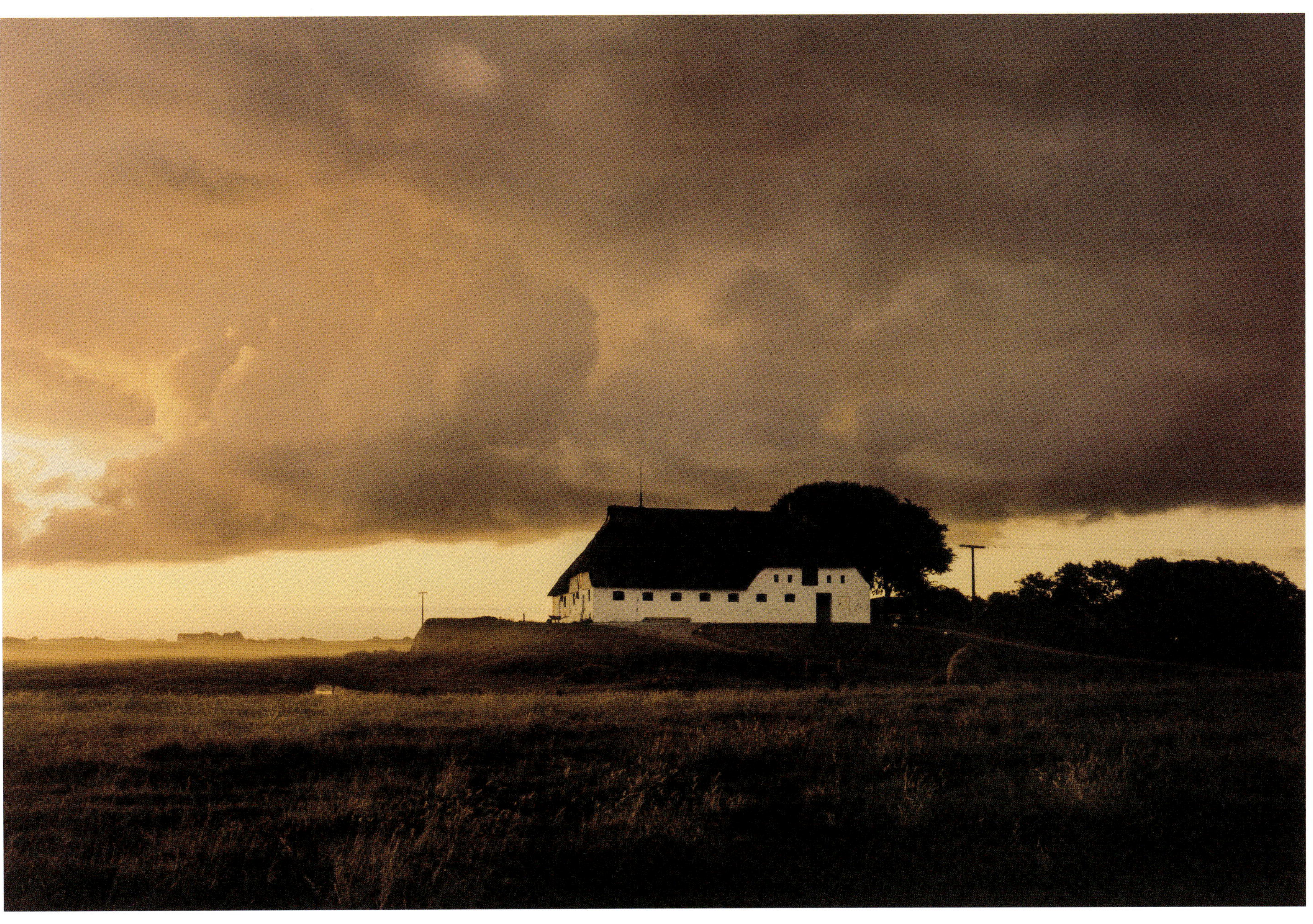

40 Norderoog

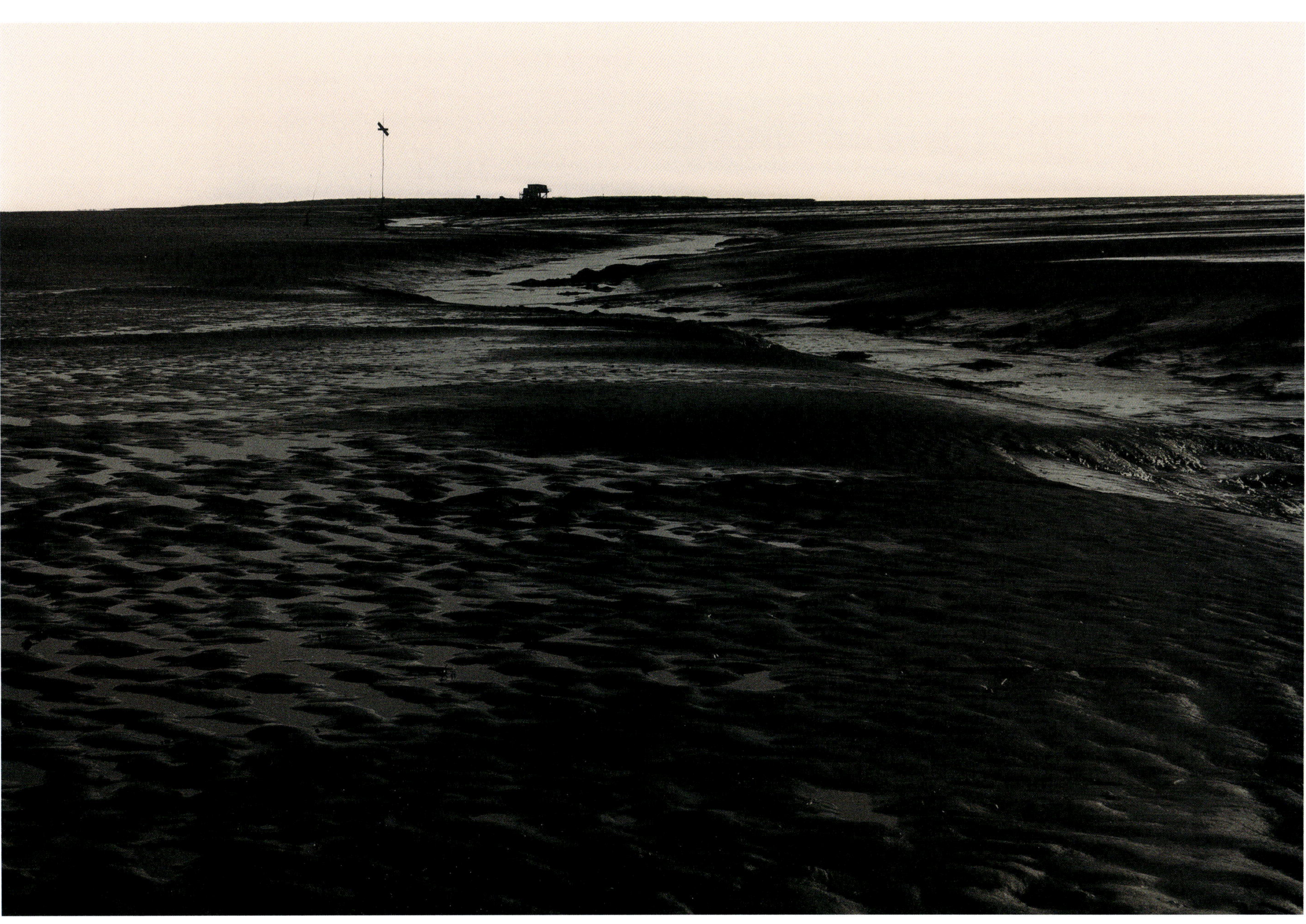

42 Vor dem Sturm

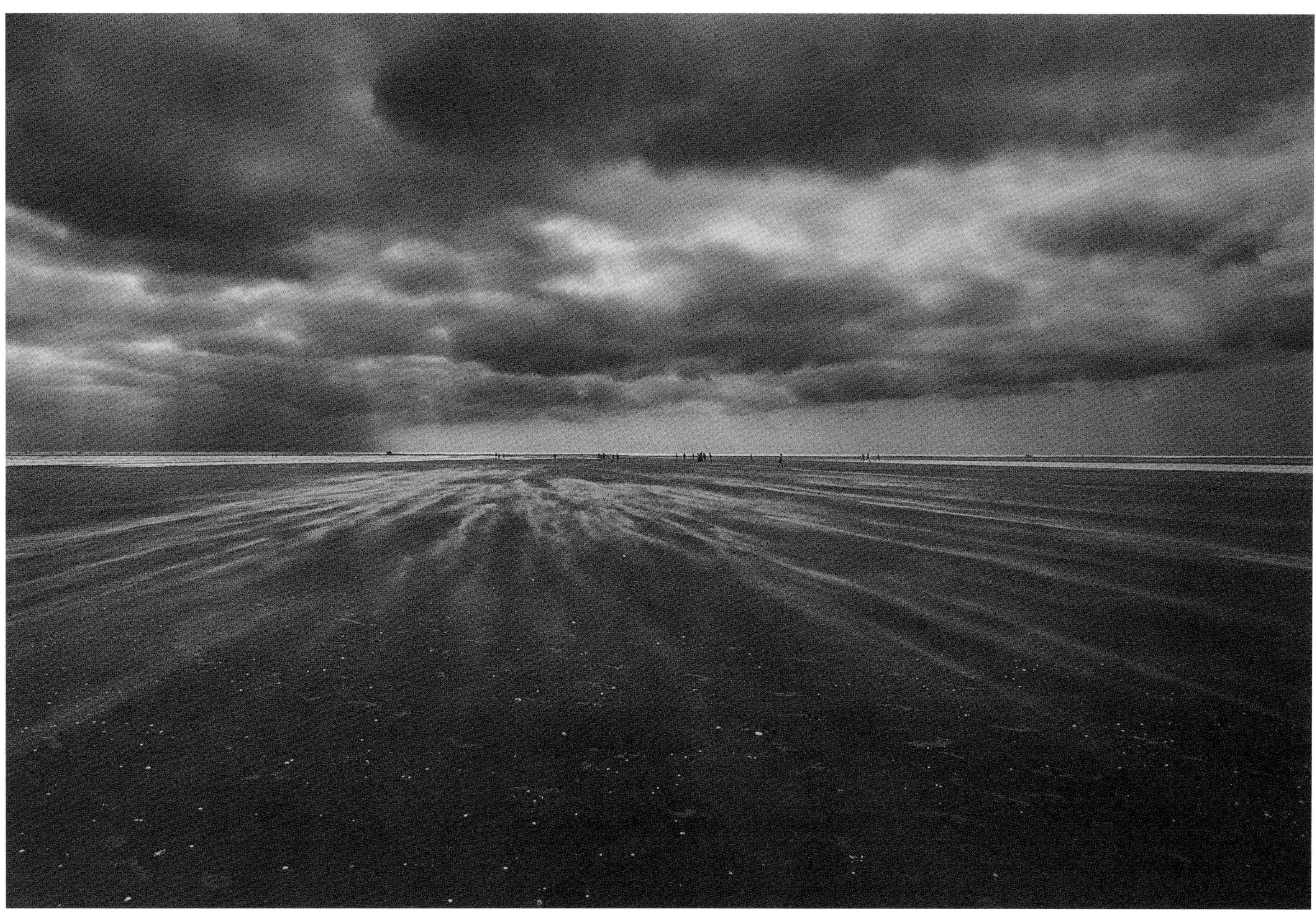

44 Ole Kark

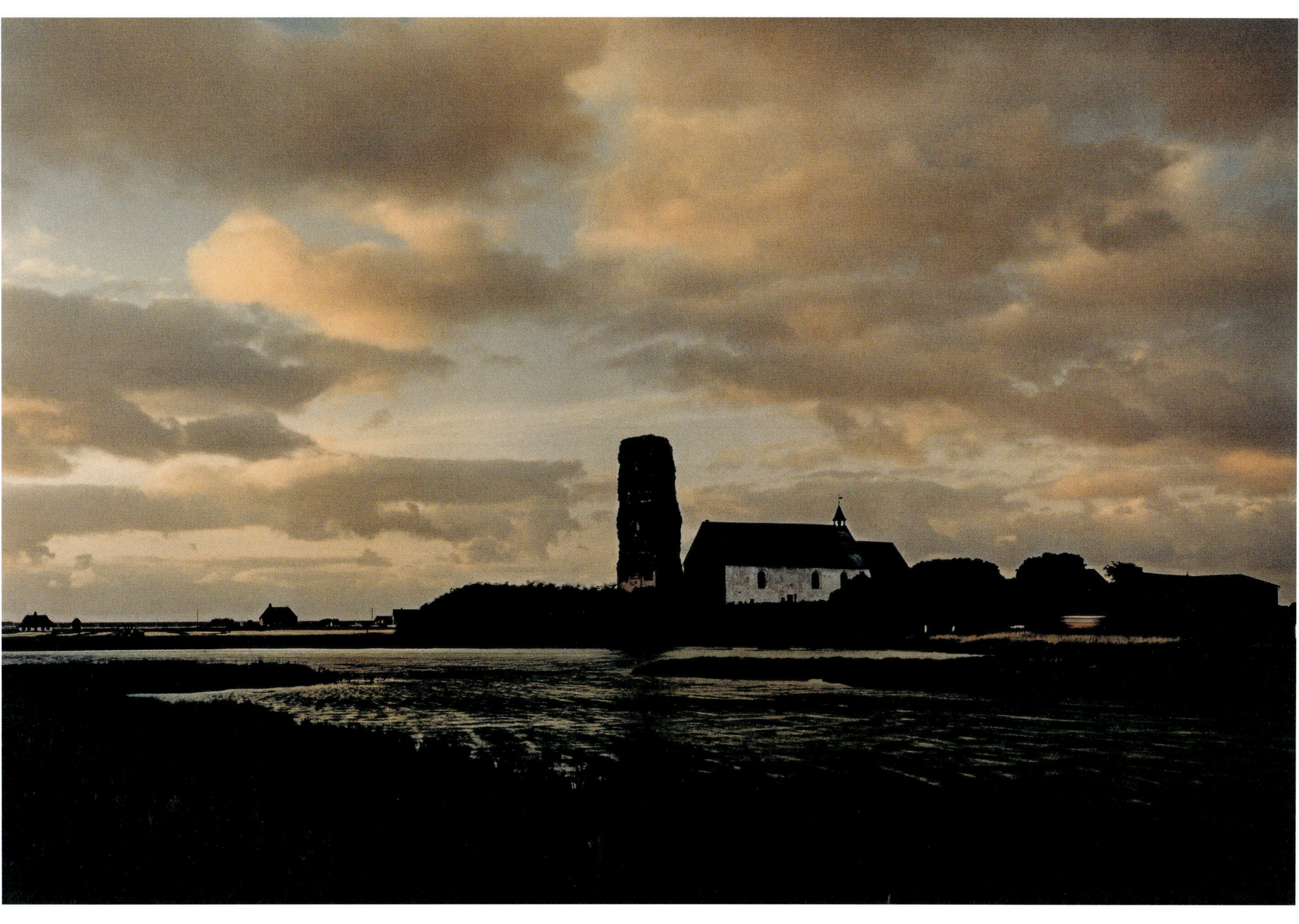

46 Tide

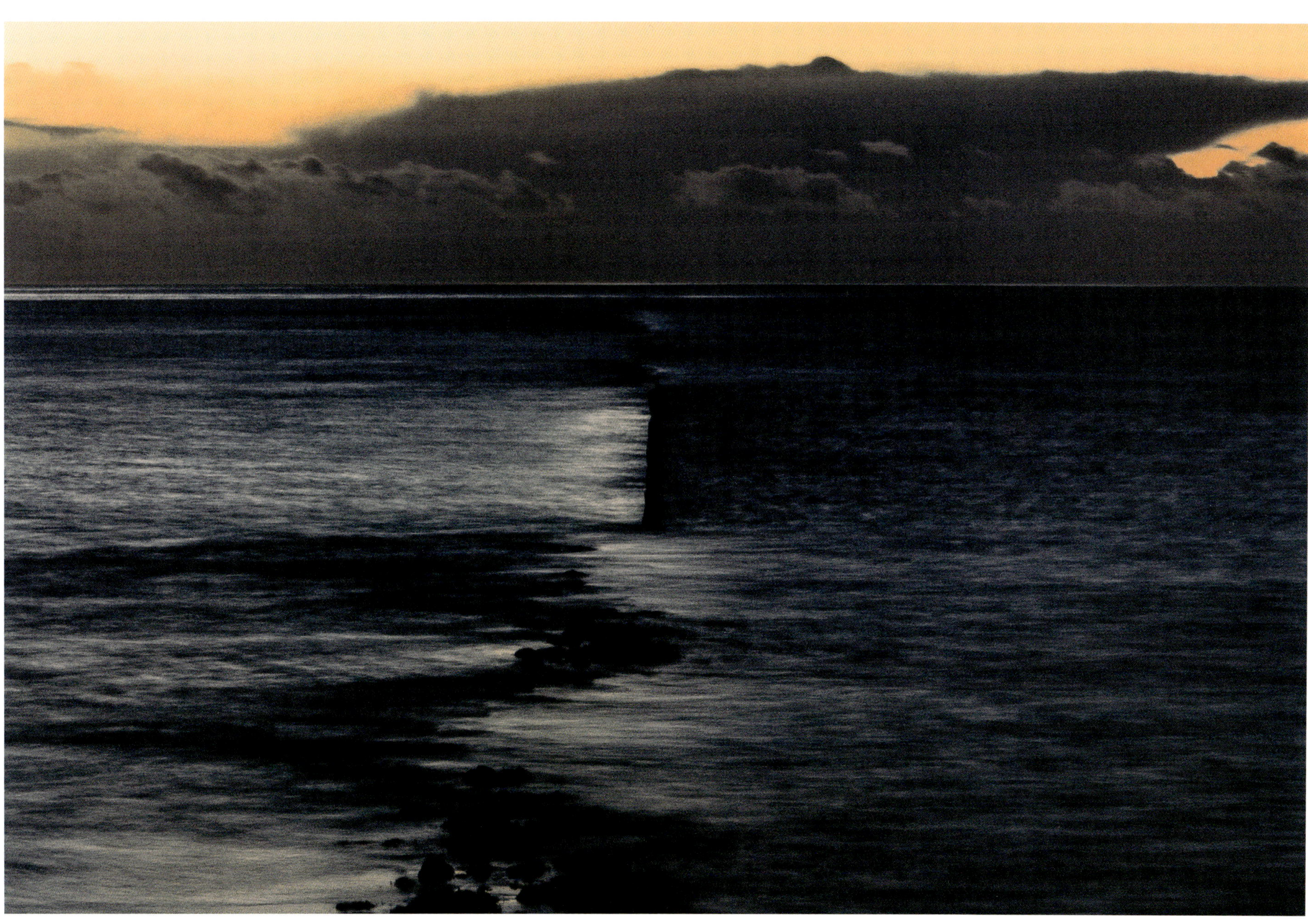

FERNE

50 Castle Neck River

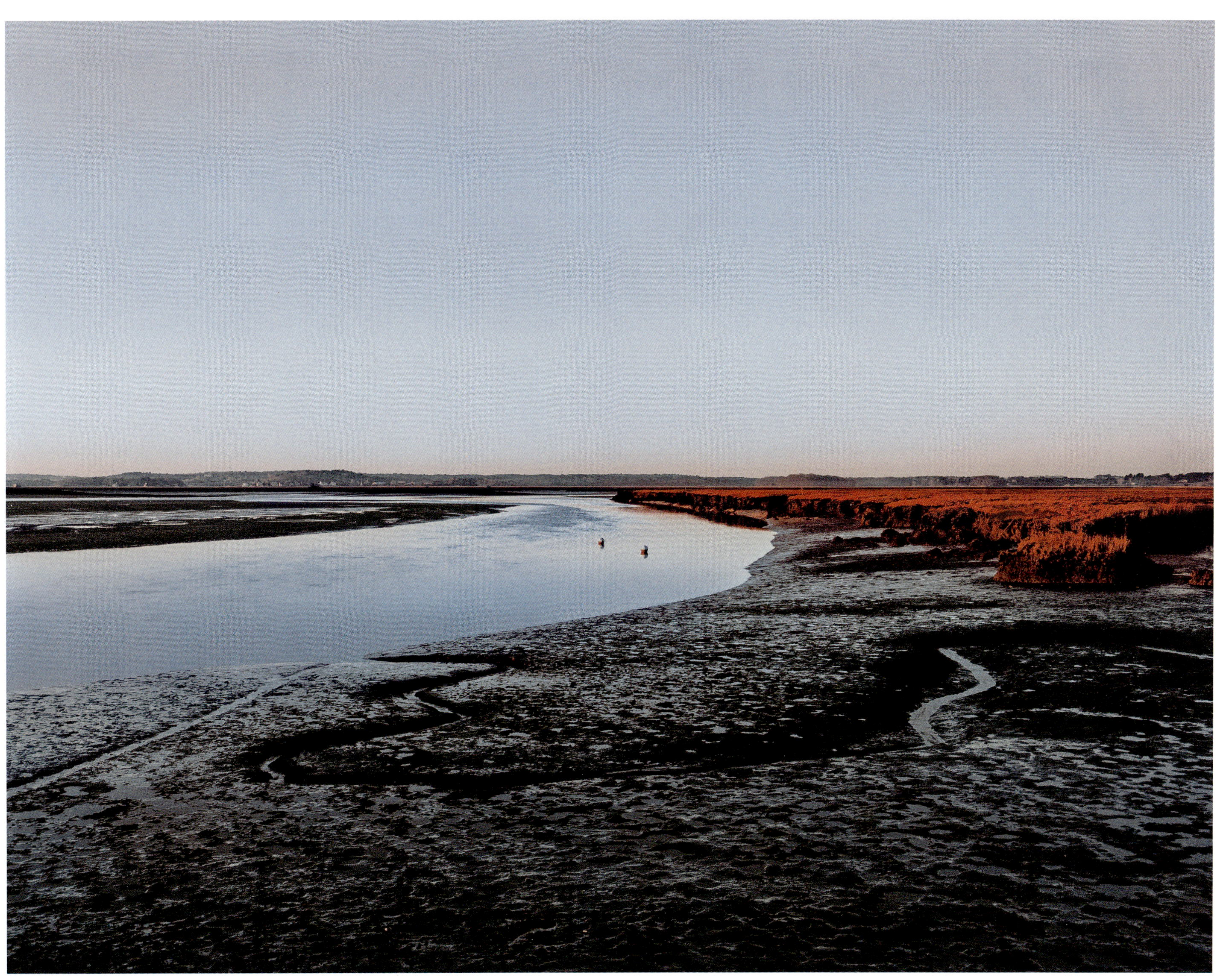

52 Rowley River

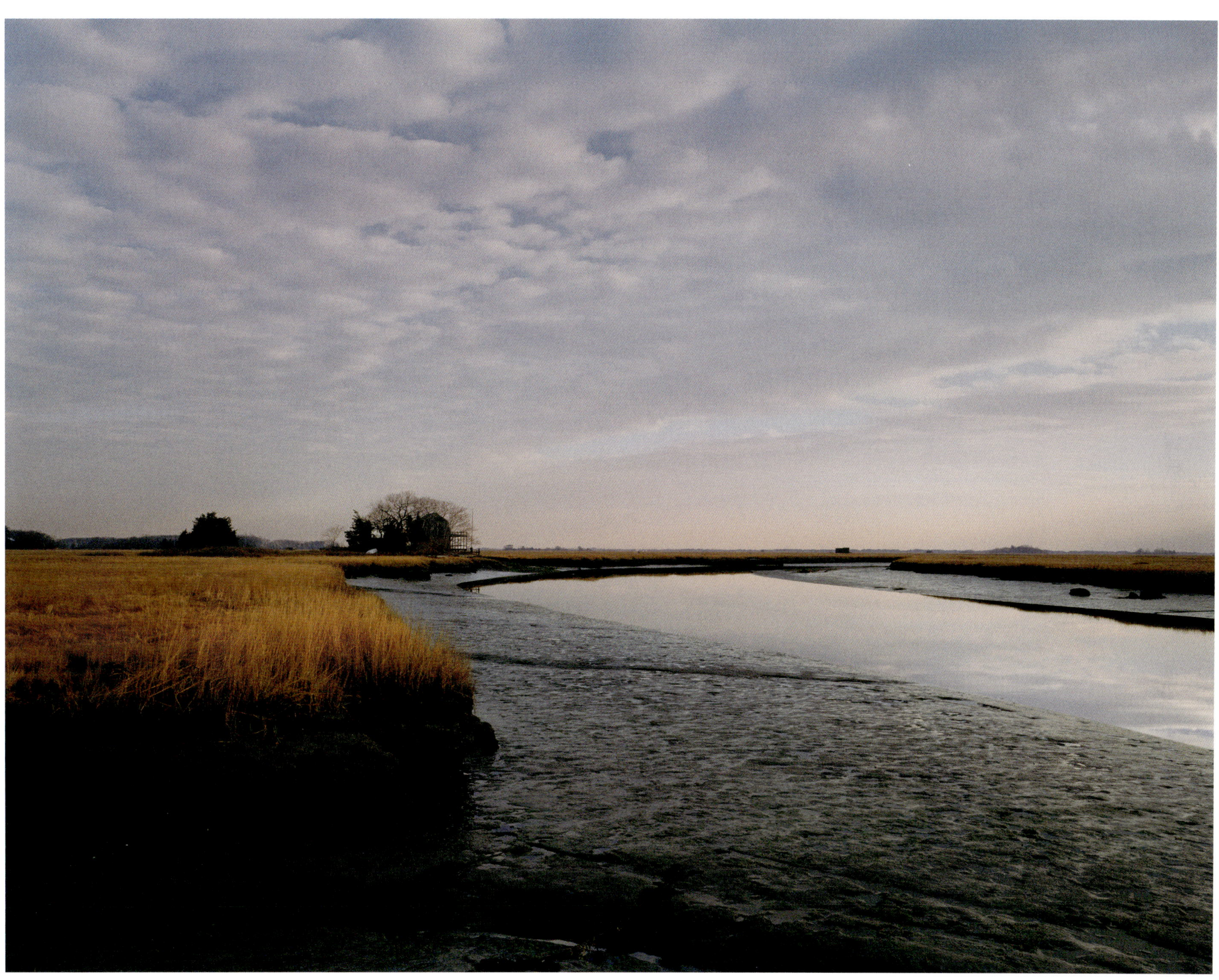

54 Hog Island, Essex River

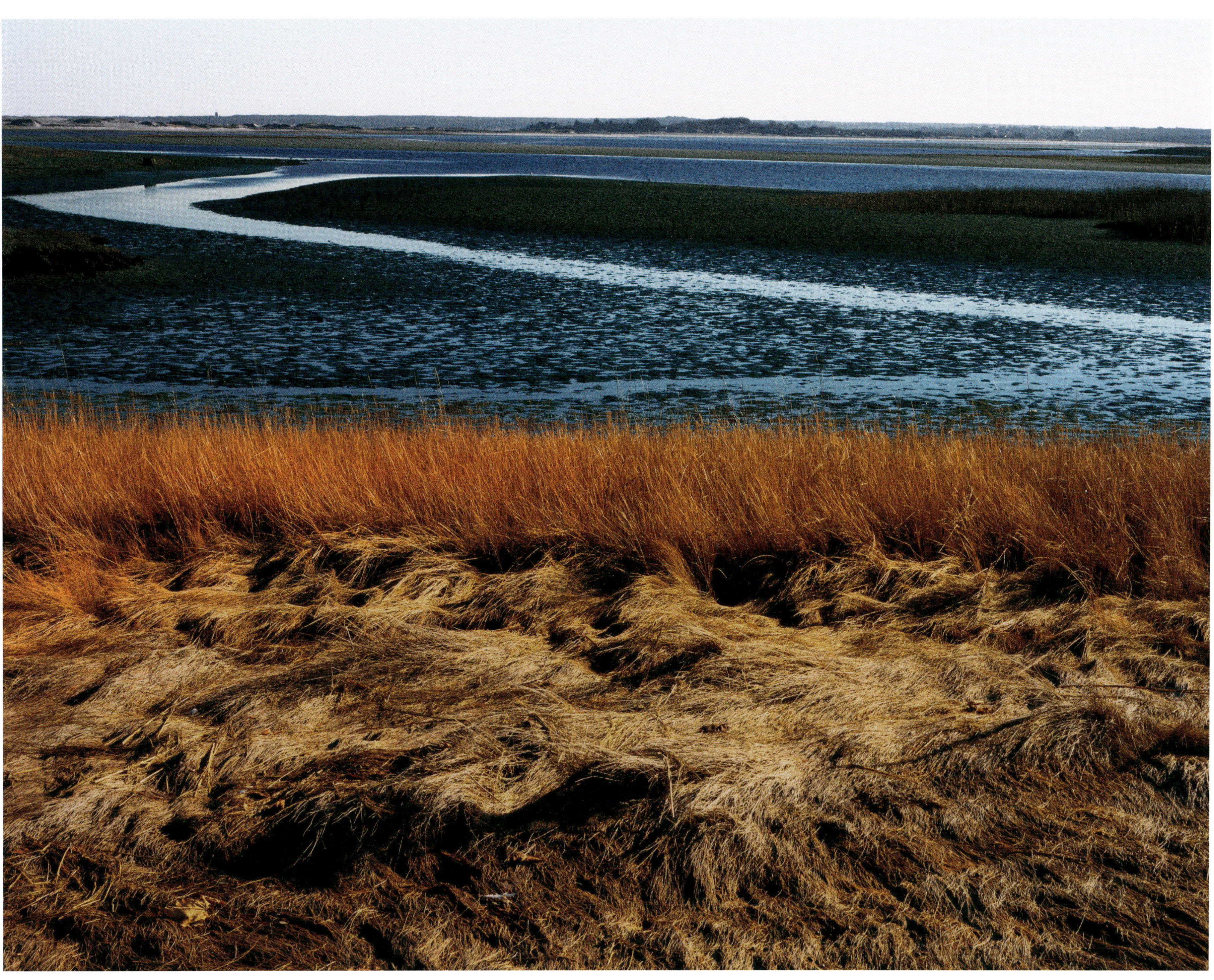

56 Rowley River

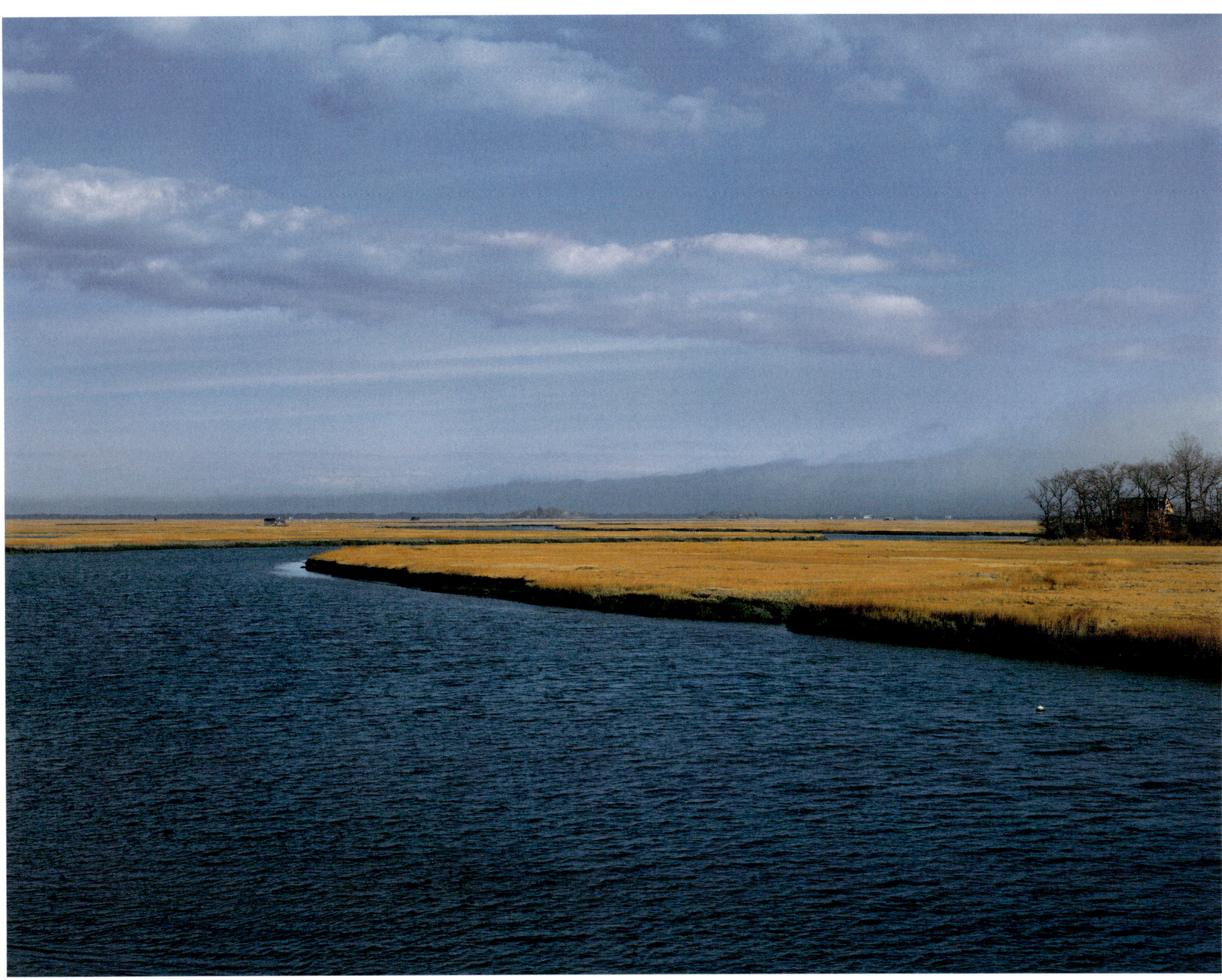

58 Hog Island, Essex River

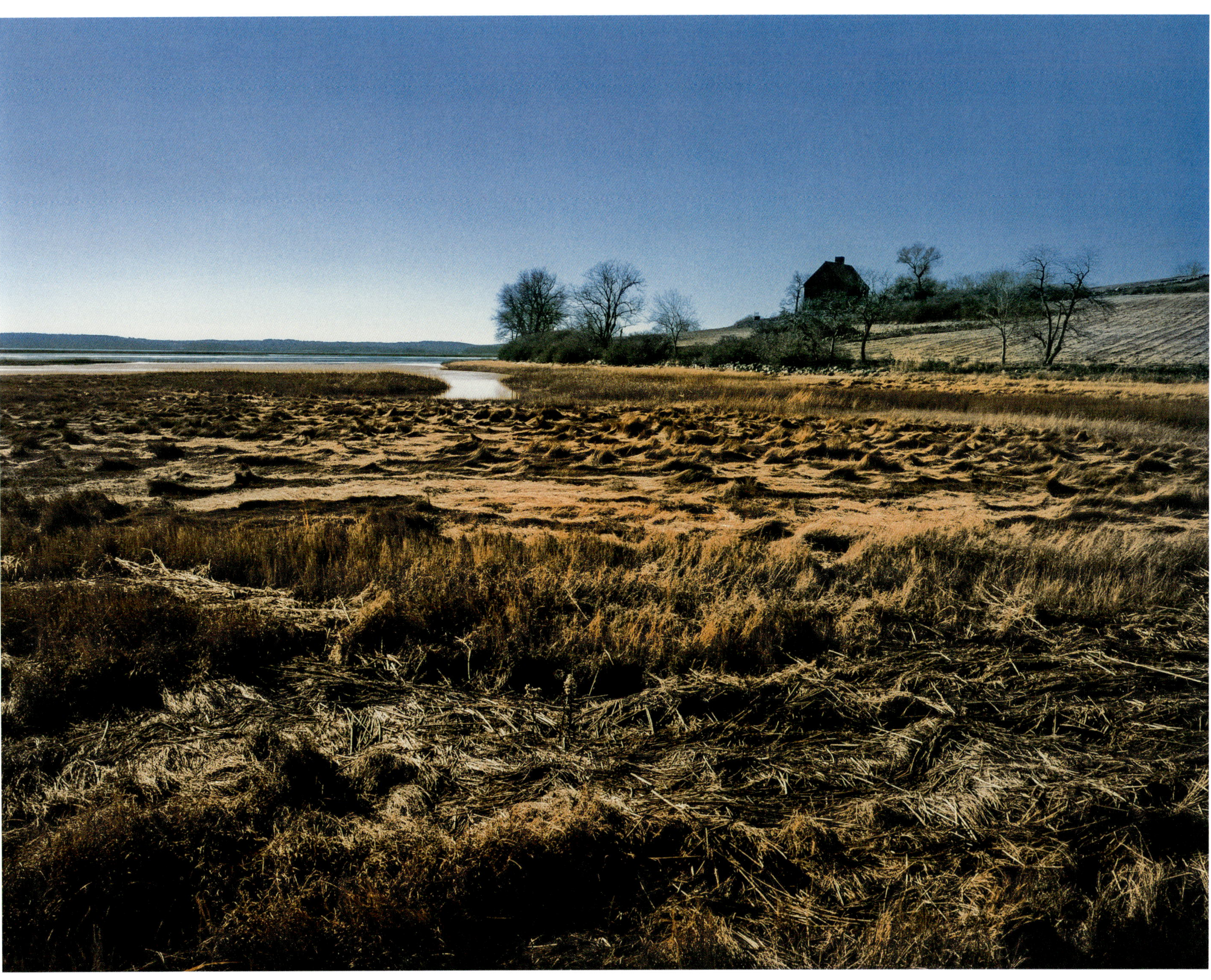

60 Castle Neck River, Low Tide

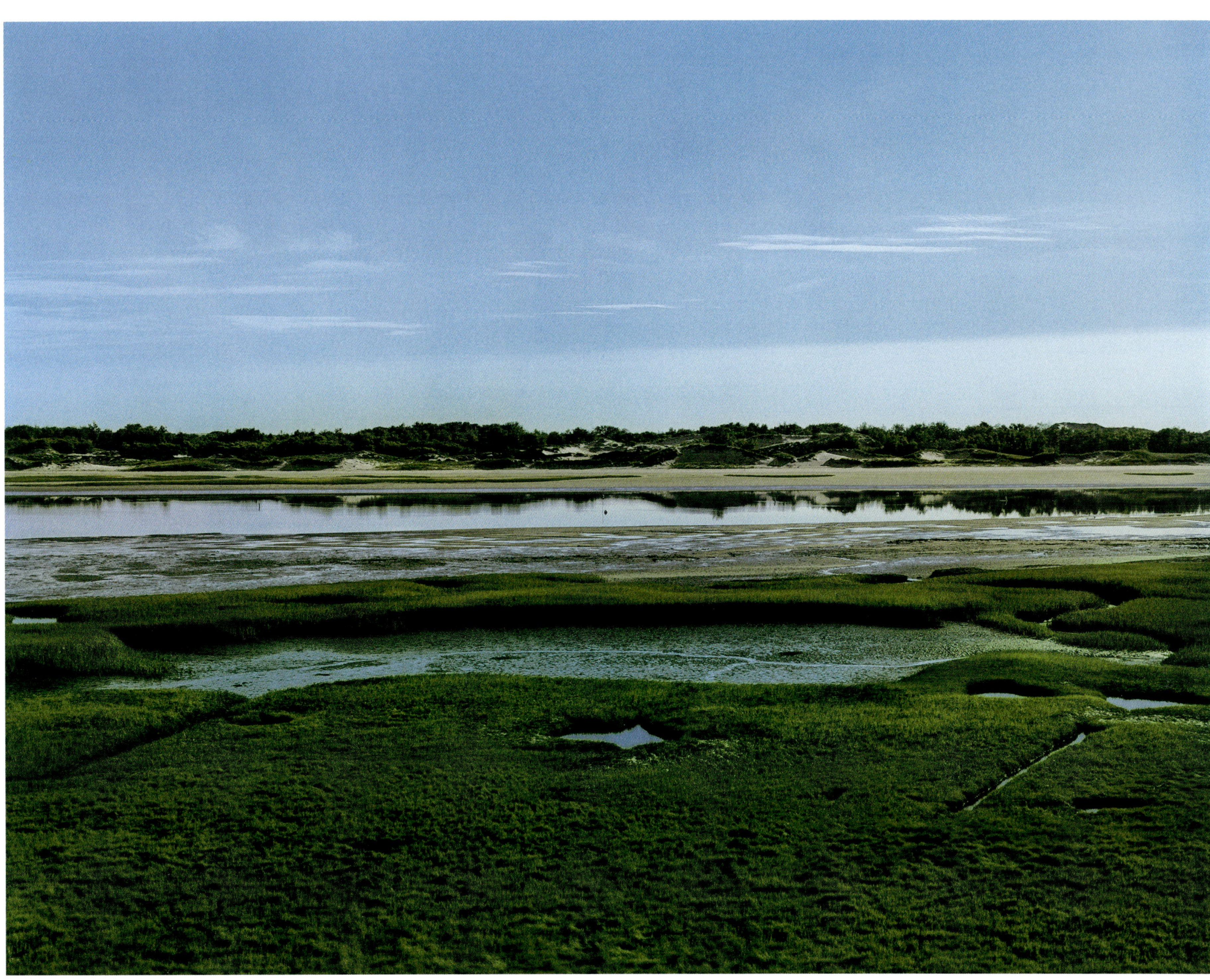

62 Castle Neck River, High Tide

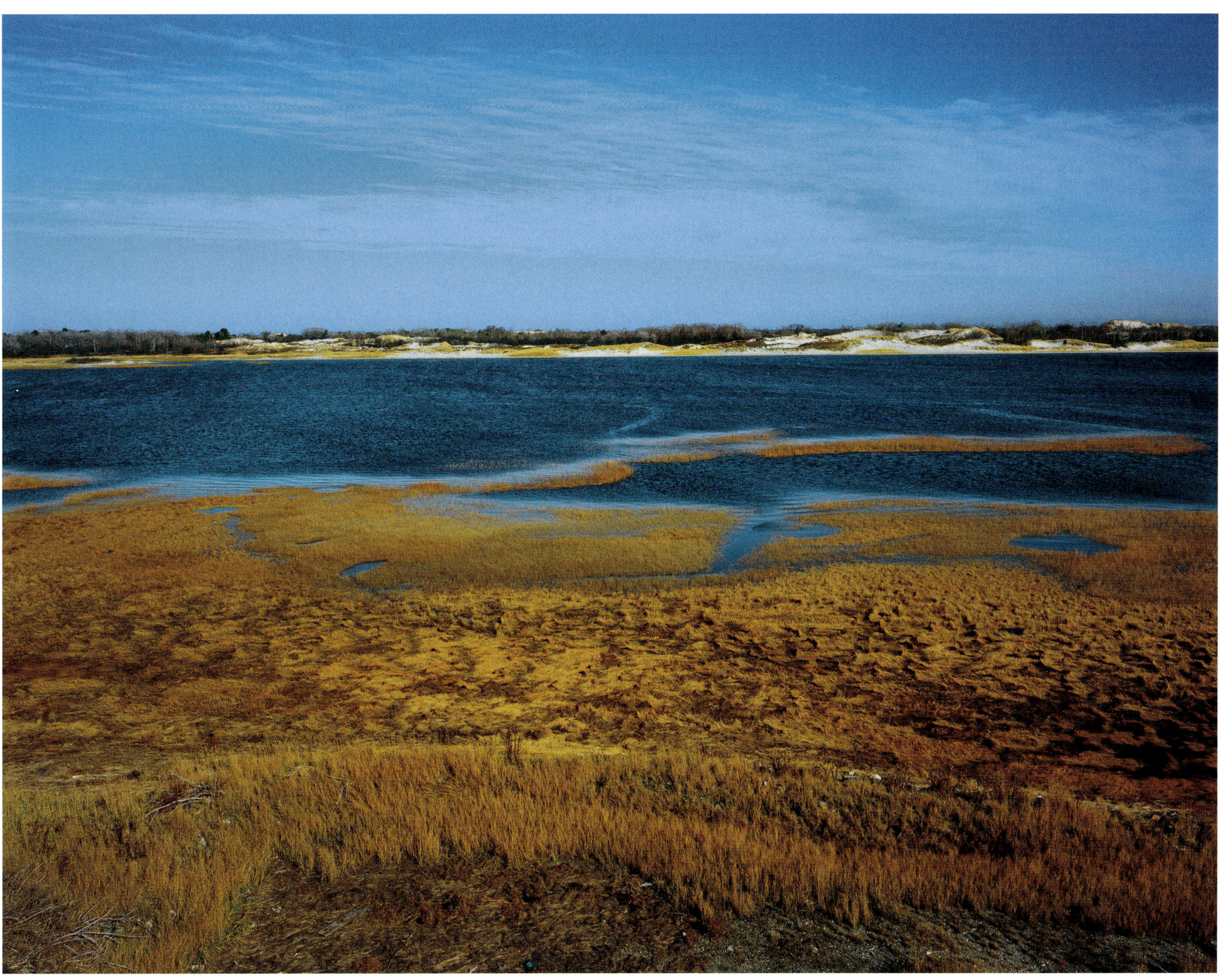

64 Castle Neck River

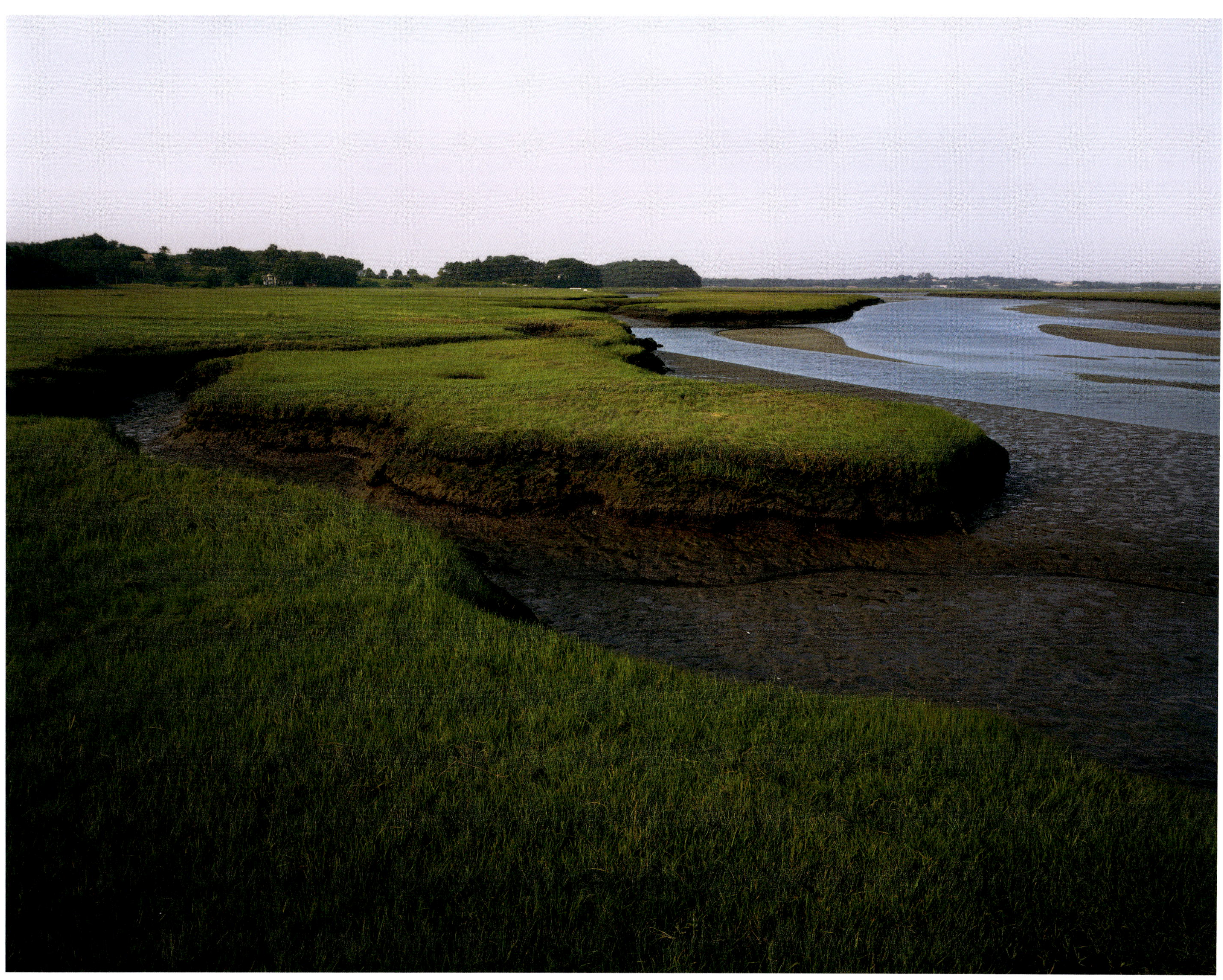

66 Jones River

68 Rowley River

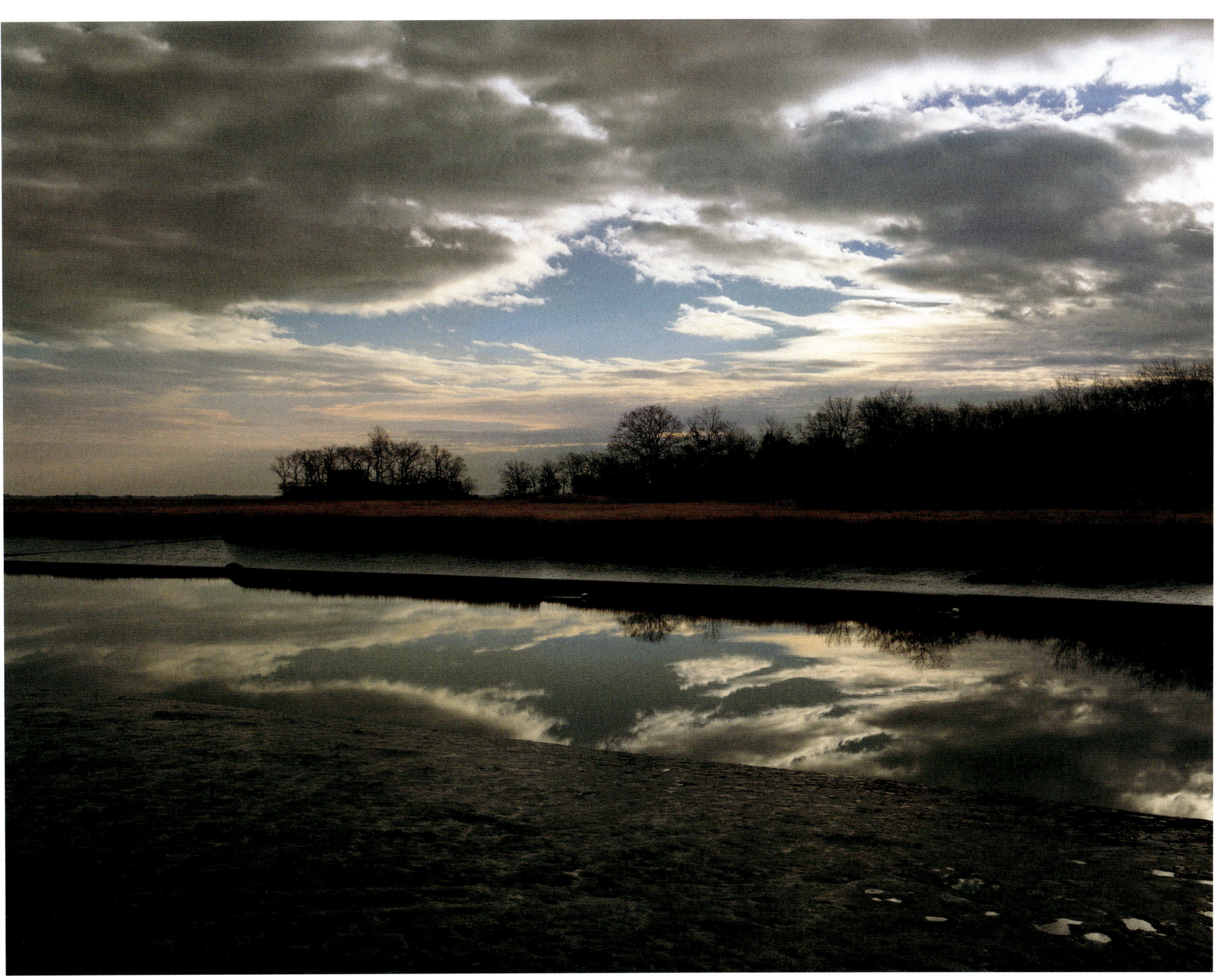

70 Argilla Road, Ipswich

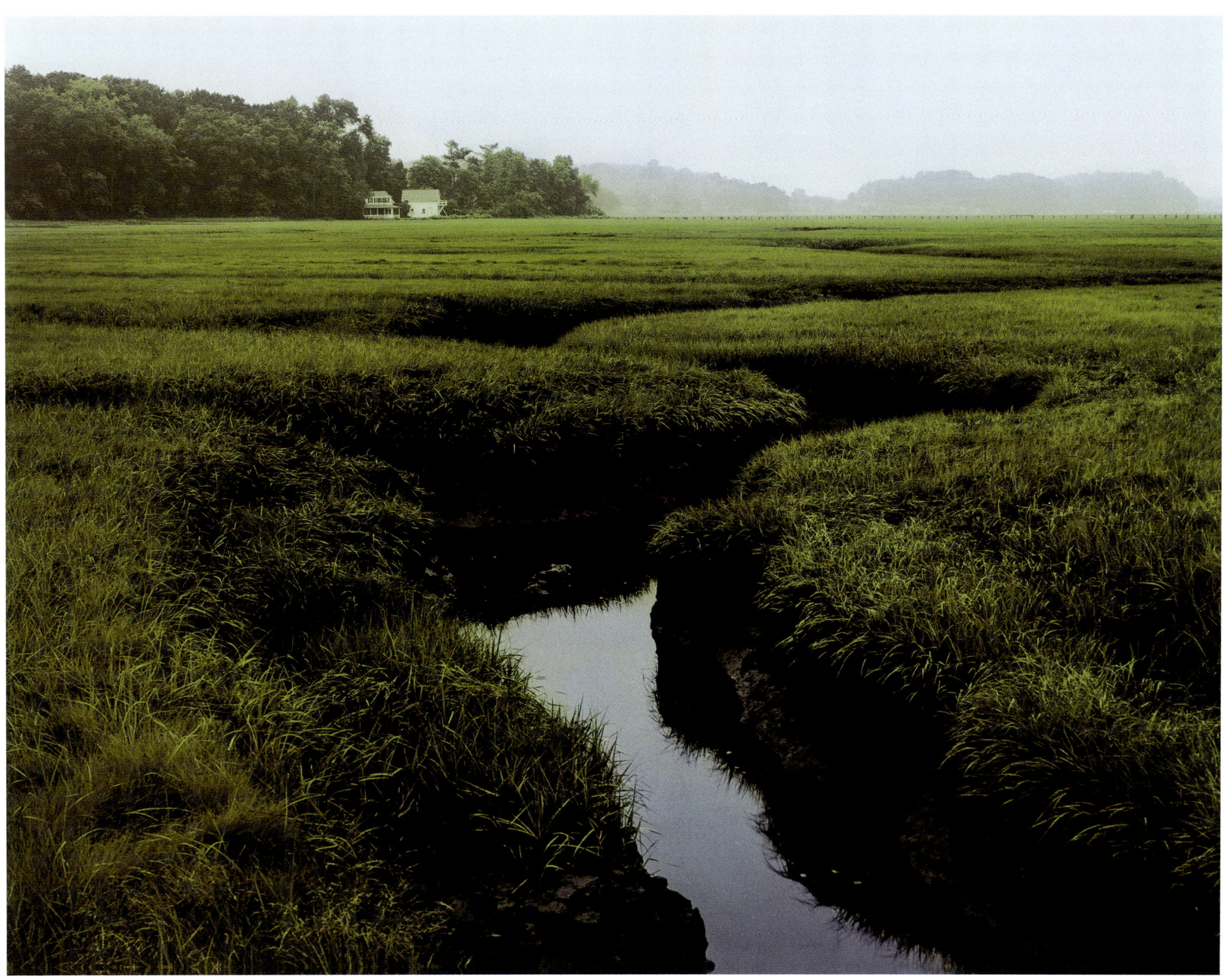

72 Rowley River

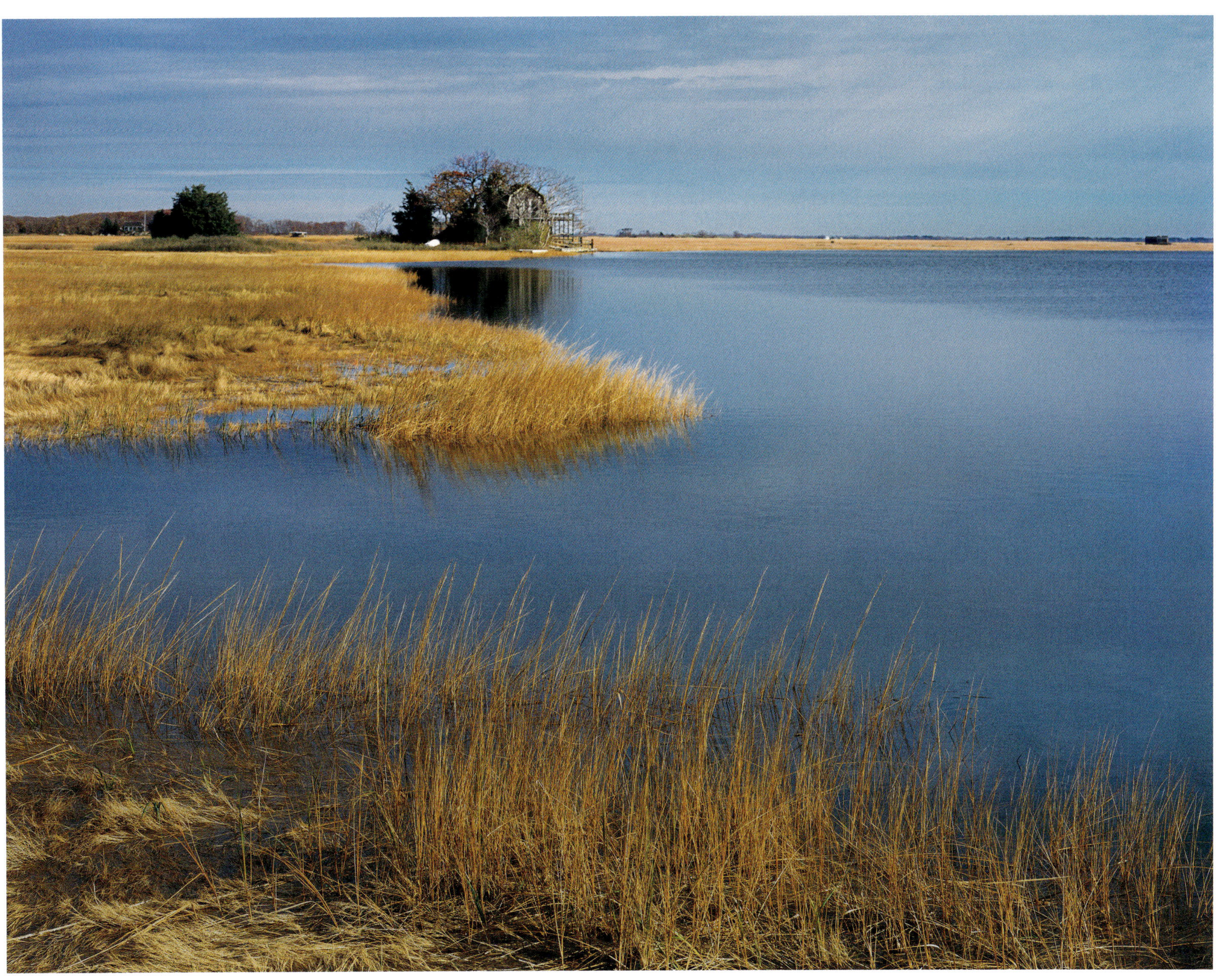

74 Essex Bay

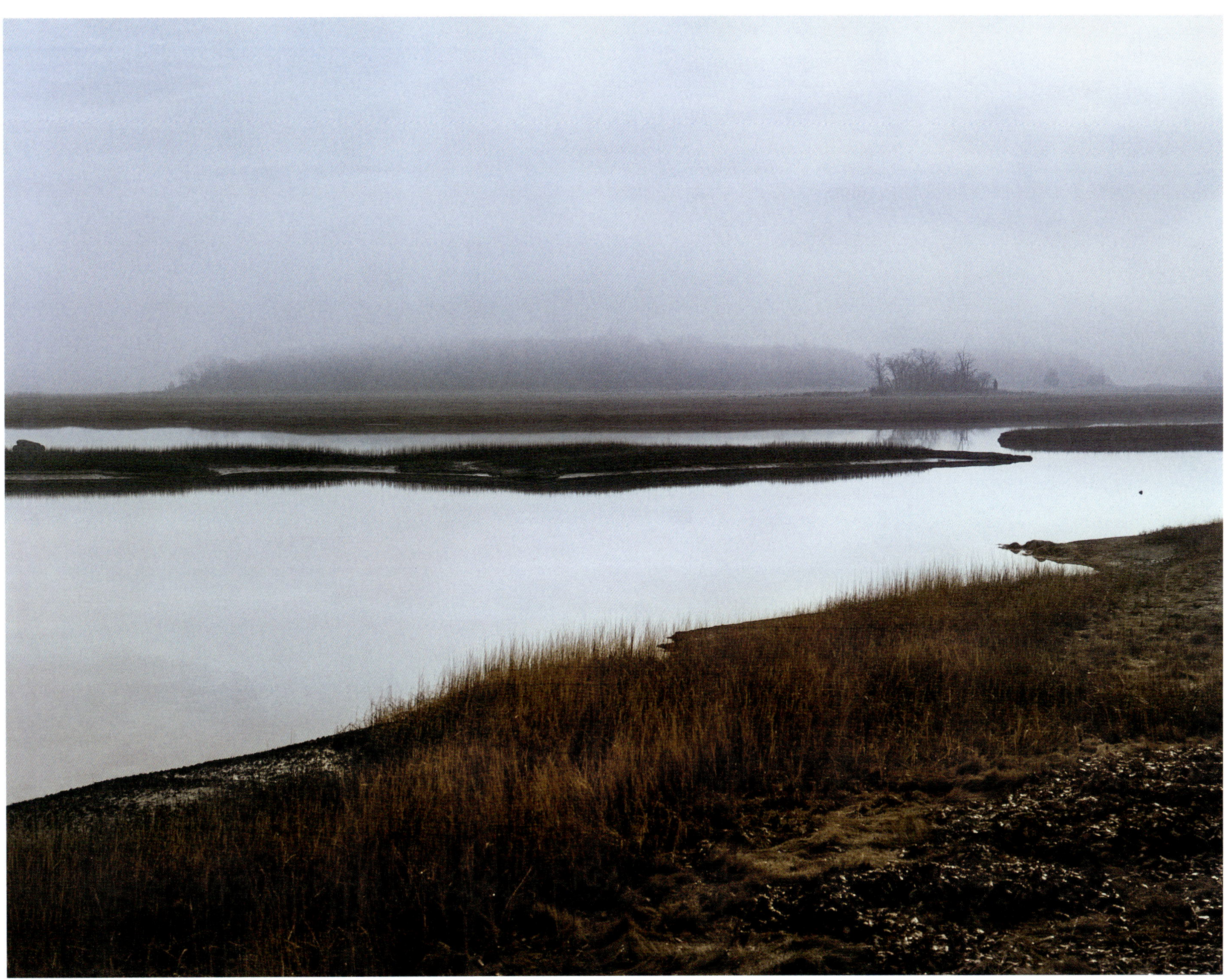

76 Essex Bay

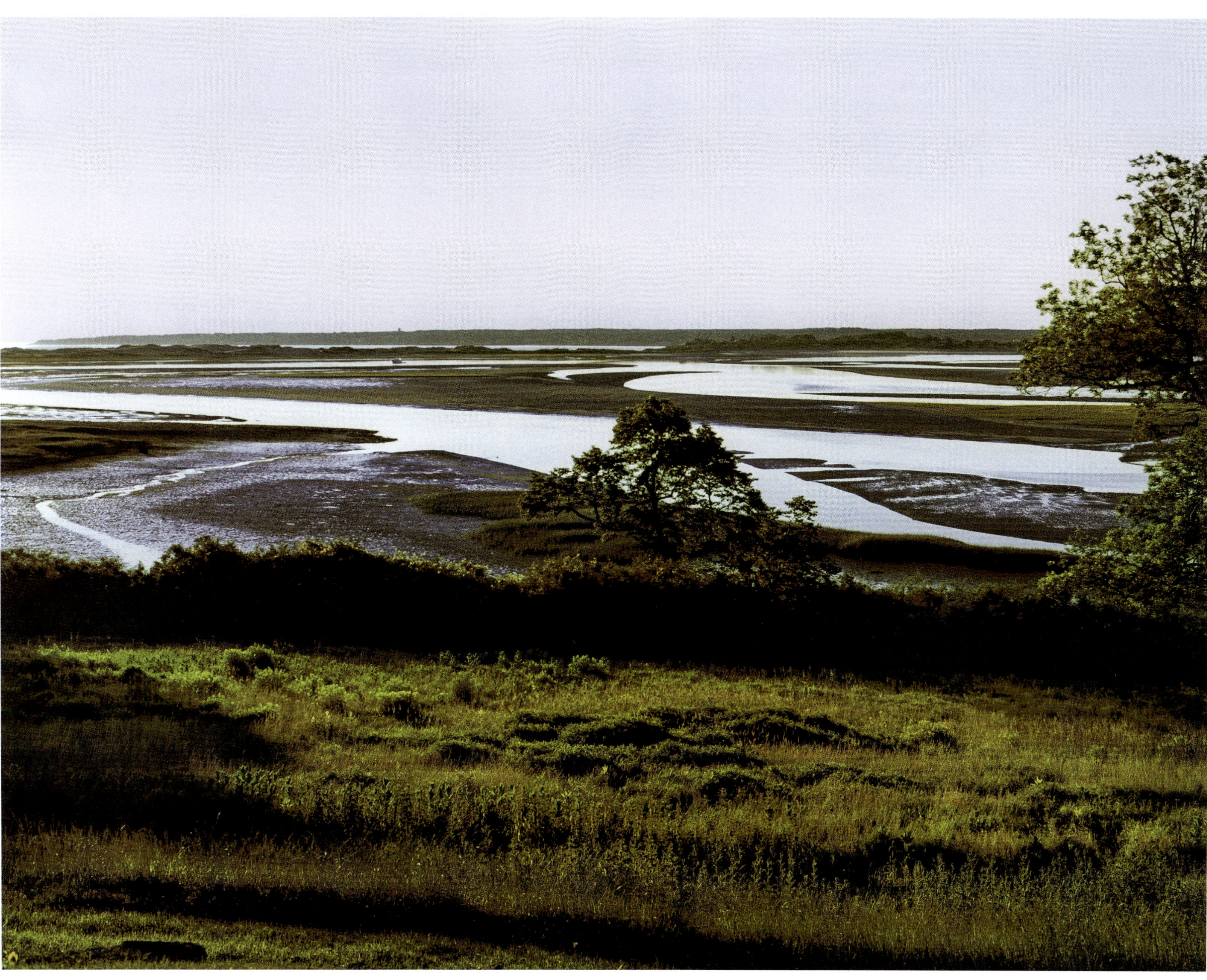

78 Rowley River

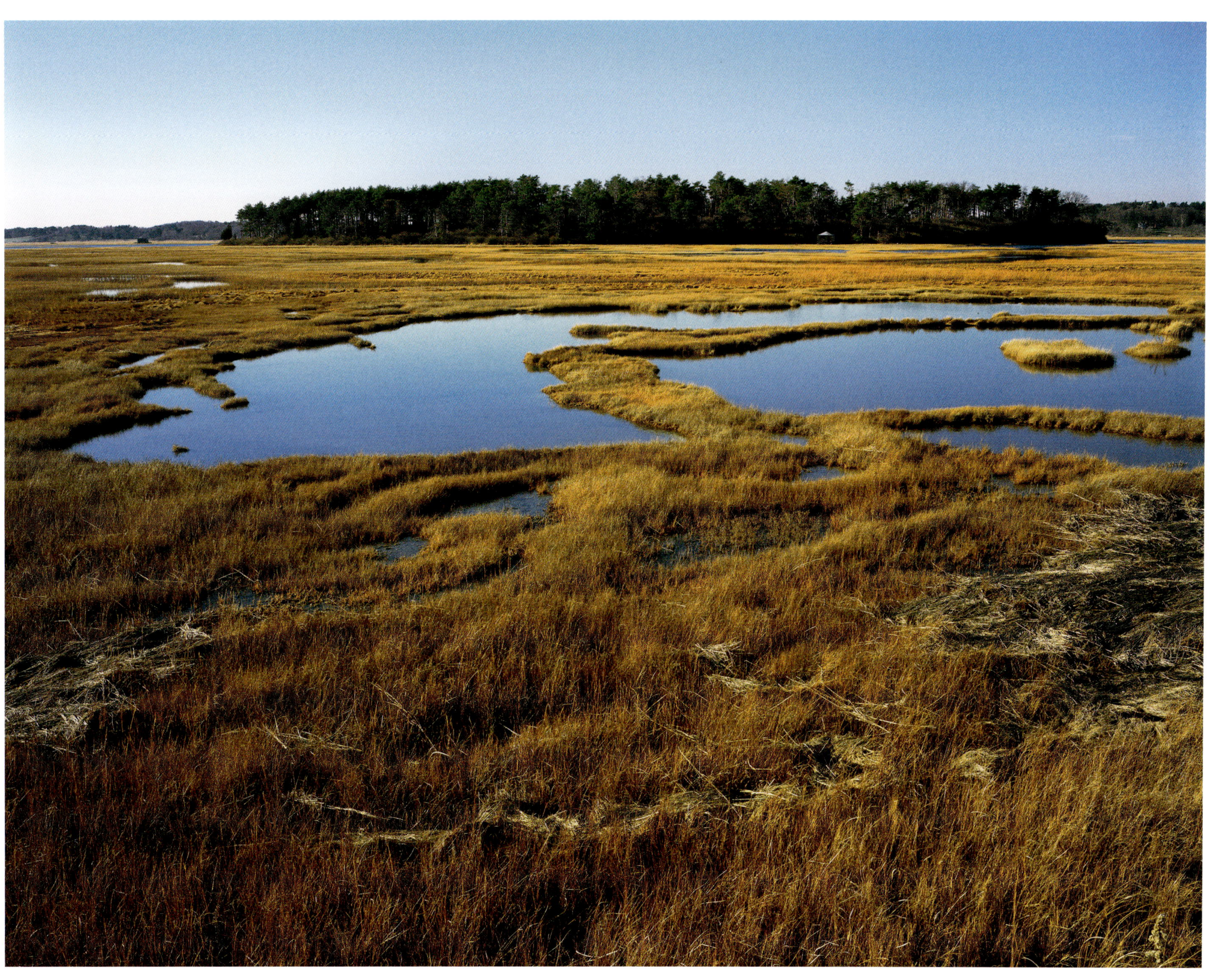

80 Ipswich River

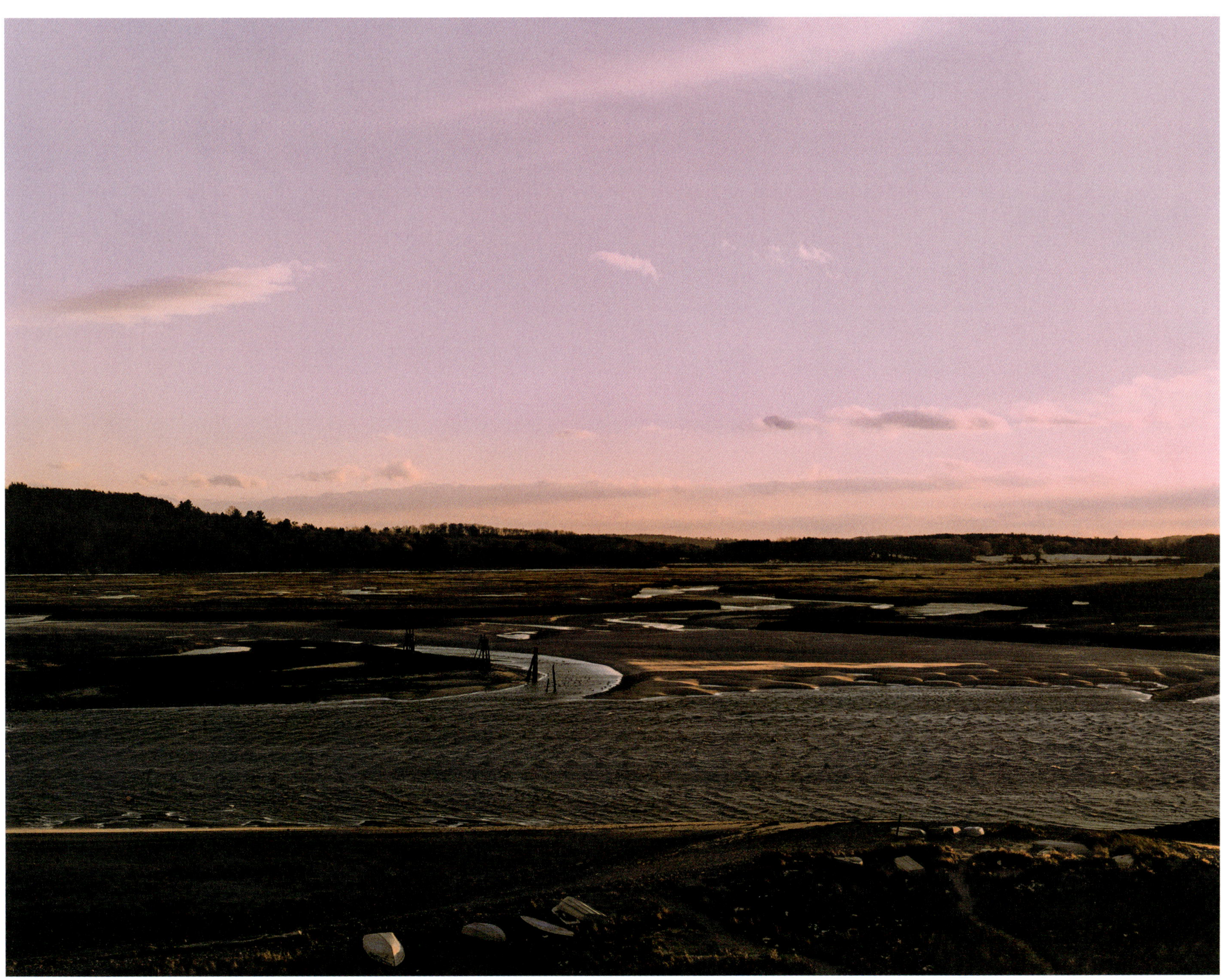

82 Argilla Road, Ipswich

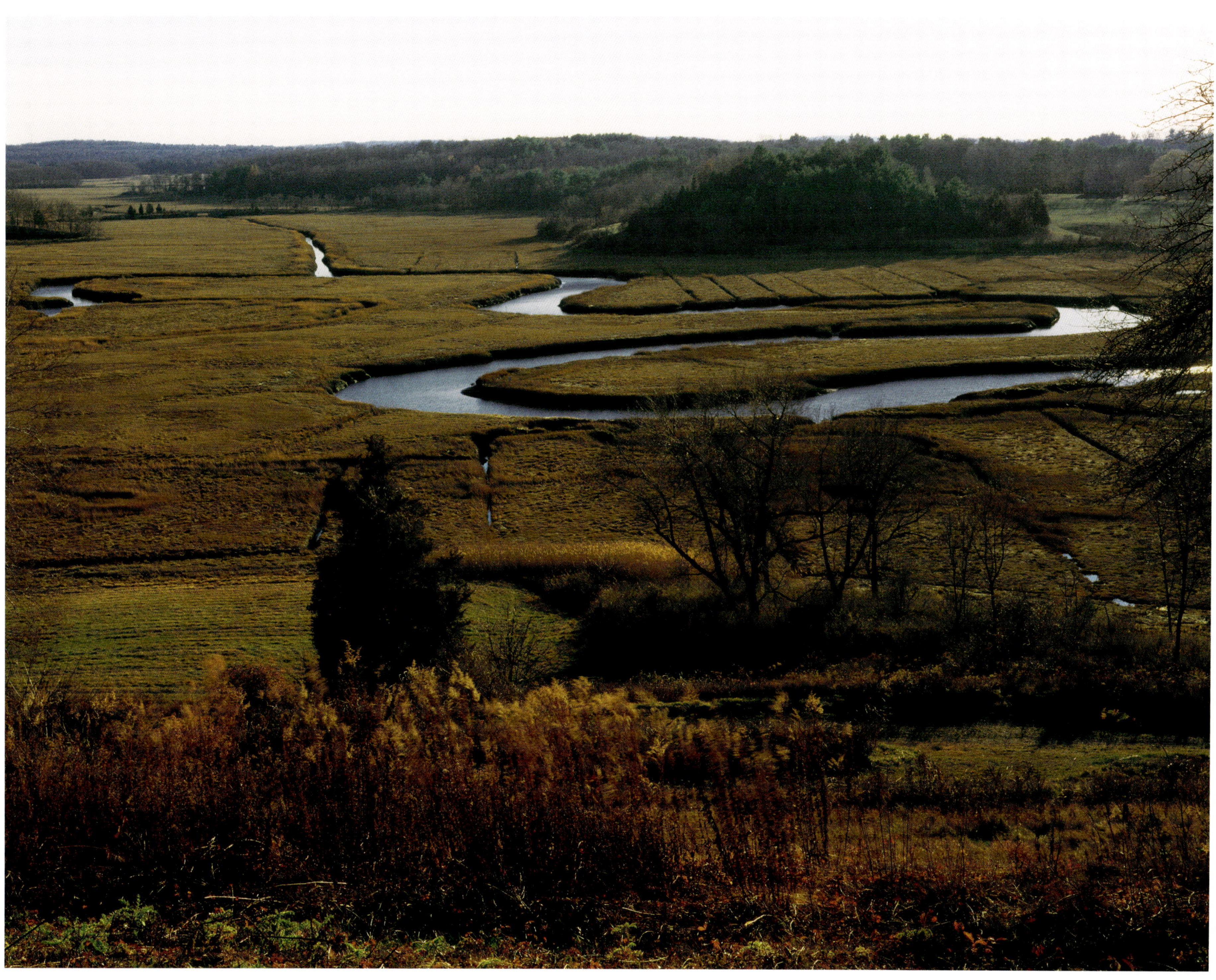

NÄHE

Erika Billeter
Auf der Suche nach der Seele der Dinge
Mack auf den Spuren von Renger-Patzsch

1928 erschien in Deutschland eines der ersten Fotobücher, das zu einem Bestseller wurde und den verheißungsvollen Titel *Die Welt ist schön* trug. Herausgegeben wurde es von Carl Georg Heise, dem der Moderne aufgeschlossenen, weit vorausblickenden Kunsthistoriker und Museumsdirektor. Der Fotograf war Albert Renger-Patzsch (1897–1966), der um 1920 zu fotografieren begonnen hatte und bereits kurz darauf die Bildstelle des Folkwang-Archivs in Hagen leitete. Ein Fotograf, der mehr wollte als den schönen Schein des Objekts wiederzugeben, der in die Tiefe des Gegenstandes einzudringen suchte, sein geheimes Leben erfassen wollte, die Einzigartigkeit seines Wesens wahrnehmbar werden ließ. Er suchte nach der Essenz – das war für ihn die wichtigste Aufgabe, die er sich als Fotograf gestellt hatte, wichtiger als jegliches auch noch so perfektes Abbilden. »Man sollte wohl in der Fotografie vom Wesen des Gegenstandes ausgehen,« so der Fotograf selbst. Er war kein Reportagefotograf – wie hätte er es sein können? – und er war kein Porträtist. Noch im Alter ist er seiner Überzeugung treu geblieben, ja hat sie letztlich noch verdichtet, indem er nur noch den Gegenstand als wichtig empfand und nicht die Fotografie, die er davon machte.

Die Welt ist schön war bei seinem Erscheinen ein »Fanal der Aufrichtigkeit«, wie Fritz Kempe die Ausgabe der hundert Meisterwerke des Fotografen nannte. Durch eine neue Sicht auf die den Menschen umgebenden Dinge und die Prägnanz seiner fotografischen Darstellung verhalf Albert Renger-Patzsch dem Lichtbild zu einem klaren Gesicht. Nach diesem Buch konnte man der Fotografie nicht mehr den Vorwurf einer Pseudokunst, einer Nachäfferei der Malerei machen. Von diesem Buch an stand fest: die Fotografie ist ein Medium eigener Art, nicht verwechselbar mit irgendeinem anderen Bildmittel. Ein Mann hatte die urtümliche Ausdrucksweise, die wirkliche Sprache der Fotografie erkannt. *Die Welt ist schön* präsentiert hundert Fotografien, die Renger-Patzsch – damals 31 Jahre alt – aus seinen seit 1922 entstandenen Arbeiten auswählte. Es ist erstaunlich zu sehen, wie er bereits als Anfänger seine Bestimmung gefunden hatte. Am Beginn seiner fotografischen Entdeckungsreise standen Pflanzen. In Nahsicht aufgenommen, »mit den Augen der Insekten gesehen«, suchte er, sie in ihrer spezifischen Wesensart zu erfassen; er legte ihre Strukturen frei und verweist auf die Einzigartigkeit der Form, die jeder Pflanze zugehörig ist. Bis in die kleinste Verästelung wird unser Blick geführt, in ihr Adersystem, in das Innerste ihrer Kelche, detailgenau und präzise. Es ging Renger-Patzsch nicht um das »schöne Bild«, sondern um die Einzigartigkeit einer jeden Pflanze. Mit ihm und durch ihn blicken wir staunend auf das Wunder Natur, ohne jede Inszenierung des Fotografen, ohne Zurschaustellung.

Dabei half ihm die Schwarz-Weiß-Reproduktion, die abstrahiert und distanziert. Ulrich Mack bevorzugte ein halbes Jahrhundert später für seine Arbeit Farbe und kam zu ganz anderen Resultaten mit den gleichen Sujets.

Den Pflanzenstudien folgten Tieraufnahmen, die mit der gleichen Neigung zur Präzision entstanden sind, dann erweiterte sich der Kreis der Themen auf Dinge des täglichen Lebens. Später übertrug Renger-Patzsch seine Passion auf die inzwischen weltberühmt gewordenen Aufnahmen der Industriearchitektur, die er mit der gleichen intensiven Betrachtungsweise ins Bild setzte. Funktionalismus und Konstruktivismus waren seine Leitmotive. Diese Industrieaufnahmen erinnern an den amerikanischen Maler Charles Sheeler (1883 – 1965), der zugleich ein bedeutender Fotograf war. In Deutschland wird die neue Tendenz objektiven Sehens mit dem Begriff der »Sachfotografie« erfasst. In den USA spricht man von »straight photography«, die besonders mit der Gruppe »f 64« in Verbindung gebracht wird und an so glanzvolle Namen wie Edward Weston (1886 – 1958) und Imogen Cunningham (1883 – 1976) erinnert. Um die Schönheit der alltäglichen Dingwelt haben sich Fotografen einer ganzen Generation bemüht. Paul Strand (1890 – 1976) hat diese Tendenz schon vor dem Ersten Weltkrieg eingeleitet und Fotografie aus ihren eigenen Fähigkeiten heraus entwickelt. Selbst Alfred Stieglitz (1864 – 1946), in seinen frühen Jahren noch ganz der malerischen Fotografie verbunden, wandte sich der »straight photography« zu. Auch die Landschaft wurde in diese objektive Inbesitznahme der Welt durch die Kamera miteinbezogen. Keiner erfasste ihre majestätische Erhabenheit besser als Ansel Adams (1902 – 1984). Es ließen sich noch viele Fotografen aus diesen schöpferischen Jahren der Fotografie aufzählen, die den neuen Stil zur Meisterschaft führten. Sie alle strebten Vollkommenheit an. Sie alle wollten die Wahrheit der Welt mit der Kamera aufdecken. Sie suchten sie in den Pflanzen, in den einfachen Dingen des täglichen Lebens, in grandiosen oder auch ganz stillen, undramatischen Landschaften. Ihr Vermächtnis an uns ist bis heute: Die Welt ist schön. Technische Perfektion war Voraussetzung und wurde nicht diskutiert. Sie verstand sich von selbst. Die Fotografen entdeckten in jedem »Ding« die Perfektion der Form. Sie formvollendet zu zeigen, hieß, die Seele der Dinge zu erkennen. Keiner von allen ist diesen Weg so konsequent gegangen wie Albert Renger-Patzsch.

Entdecken wir bei manchem Fotografen eine leise poetische Ummantelung des Sujets, »Stimmung« als Beigabe, so hat Renger-Patzsch sich mit einer ganz erstaunlichen persönlichen Zurückhaltung dem Objekt genähert. Als fürchte er die Emotion, verhielt er sich in strenger Distanz zu ihr. Er ist in der Tat jener Fotograf, der am meisten auf

Emotion und Poesie verzichtete. Sein Vokabular war von einer beinahe wissenschaftlichen Strenge. Es ging ihm immer nur um die Wahrheit, das heißt die absolute Darstellung des Objekts. Man darf darum den Bildband *Die Welt ist schön* auch als »Musterbuch der Gegenstände« ansehen. Jedes Foto hält das Objekt in uneingeschränkter Reinheit fest. Er war im ehrlichsten Sinne des Wortes ein Purist. Seine Aufnahme eines Stückes Stoff zum Beispiel zeigt nicht einfach das Stück Stoff, sondern das Gewebe, aus dem es gemacht ist. Der Betrachter denkt dabei unwillkürlich an die Gestaltung, an die Hände, die es gewebt haben.

Unter den von Renger-Patzsch zusammengestellten Fotos für *Die Welt ist schön* gehören die Heizeisen der Fagus-Werke 1926 zu den berühmtesten und am häufigsten reproduzierten. Kann ein Foto überzeugender das Anliegen des Fotografen ausdrücken? Aufgereiht stehen die Heizeisen mit ihren Holzgriffen wie eine kleine Armee zusammen. Das natürliche Licht hebt einige hervor, verweist andere in den Schatten. Und wir begreifen, dass selbst ein so belangloser Gegenstand wie ein Heizeisen, gesehen durch die Kamera, seine verborgene Schönheit hat. Dem Zweck enthoben, für den es gemacht wurde, liefert es sich dem Auge des Fotografen aus. Der zeigt nichts anderes als das, was es ist: ein Bügeleisen für Schuhe. Aber es hat eine Form, verschiedene Materialen. Beides wird neu – oder zum ersten Mal überhaupt – wahrgenommen. Das, was die Fotografen der »straight photography« propagierten, den Respekt vor dem Objekt, wurde bei Renger-Patzsch zum Motor seiner Arbeit. Durch diese Haltung wurde er sich der Schönheit der Dinge bewusst und begann, das Eigenleben eines jeden Dinges auf dieser Welt zu begreifen.

Mit diesem so auf Perfektion angelegten, nach dem Wesen der Dinge suchenden Fotografen beginnt sich Mack 1982 zum ersten Mal intensiv auseinanderzusetzen. Der Anlass war eine Einladung von Polaroid: Je zwei Tage durfte er in Offenbach und später in Hamburg mit großformatigen Polaroids im Format von 50 × 60 cm arbeiten. Für diese Arbeit wählte er Vorlagen von Renger-Patzsch. Aufnahmen, die er ausschließlich auf die »Dinge« konzentrierte: Pflanzen, Gläser und jene berühmten Heizeisen. Manche Aufnahmen komponierte er im Geiste des großen Vorbildes neu. Im Ganzen waren es dreißig Motive, die Mack aufnahm.

Mit der fotografischen Arbeit von Renger-Patzsch war Mack bereits als Student an der Hamburger Hochschule für bildende Künste in Berührung gekommen. Sein Lehrer Alfred Mahlau (1894 – 1967) war, wie der Museumsdirektor Carl Georg Heise (1890 – 1979), einer der engsten Freunde von Renger-Patzsch. Mahlau hatte das Signet zum Einband

Die Welt ist schön gestaltet und auch das Lübeck-Buch von Renger-Patzsch grafisch betreut. Mahlau und Renger-Patzsch verband eine tiefe, seltene Künstlerfreundschaft, die im gegenseitigen Verständnis für die Arbeit des anderen gewachsen war und in einer erstaunlichen Gleichgestimmtheit beider Künstler lag. Durch Mahlau wurde Mack früh auf Renger-Patzsch aufmerksam und verehrte dessen fotografisches Werk wie kaum ein anderes. Mahlau schenkte ihm Reproduktionen von 29 Renger-Patzsch-Fotos. Sie inspirierten Mack, für die Polaroids Motive von Renger-Patzsch zu übernehmen. Ein Polaroid ist in der Regel ein Unikat. Mack vergrößerte die Motive bereits beim Fotografieren. Was so einfach klingt, war in der Praxis eine komplizierte Angelegenheit. Um die relativ kleinen Objekte auf das gegebene Format von 50 × 60 cm zu bringen, musste Mack den Balg der Polaroid-Kamera auf bis zu vier Meter ausziehen. Doch durch die so verlängerte Brennweite nahm die Lichtstärke extrem ab. So musste er für die einzelnen Motive bis zu vierzig Mal die Blitzlichtanlage auslösen. Erst dann war das Polaroid-Foto ausreichend belichtet. Sein amerikanischer Assistent verzweifelte fast. Das fertige Foto reproduzierte er und übertrug es ins Dye-Transfer-Verfahren, mit dem er mehrere Abzüge herstellen konnte und die höchstmögliche Farbqualität erreichte. Denn der um fünfzig Jahre jüngere Fotograf übertrug die Vorlagen in Farbe.

Das Material für die Aufnahmen brachte Mack mit nach Offenbach. Sorgfältig hatte er sich auf diese künstlerische Begegnung vorbereitet und die Gegenstände der Fotografien von Renger-Patzsch zusammengesucht. Die Buchenscheite schnitt er sich selbst zurecht. Um die Schuh-Bügeleisen nachzustellen, fuhr er zu den Fagus-Werken und lieh die Eisen dort aus. Die Gläser, Pflanzen – alles hat er bereitgestellt. Was machte Mack mit Ihnen? Sind es Kopien? Variationen? Was ist das Resultat dieser Inbesitznahme eines bestehenden Werkes? Mack musste sich die Fotos von Renger-Patzsch aneignen, sich mit ihrem geistigen Gehalt vertraut machen. Es gelang ihm, trotz der Nähe zu den Vorlagen, ein ganz und gar eigenes Werk zu schaffen. Er lieferte sich ihnen mit keiner Aufnahme aus. Das liegt äußerlich zum einen am Format, das das Größenverhältnis beider Aufnahmen entscheidend bestimmt. Und es ist die Farbe, die sie unweigerlich voneinander trennt. Eine Schwarz-Weiß-Fotografie ist eine Aufnahme mit rein fotografischen Mitteln, »fotografische Fotografie«, wie Renger-Patzsch seine Aufnahmen selbst eingeordnet hat. Die Farbe dagegen gibt der Aufnahme eine gewisse repräsentative Bildwirkung. Sie gibt dem Bildinhalt von vornherein das, was Renger-Patzsch auszulöschen versuchte: Poesie, Stimmung. Sie will wetteifern mit der Realität und zugleich mit dem Bildcharakter der Fotografie. Stellen wir einige der Aufnahmen einander gegenüber, um die Unterschiede zu beschreiben.

Etwa die *Euphorbia grandicornis,* ein Kaktusgewächs mit langen Dornen, das senkrecht hochwächst. Bei Renger-Patzsch hebt sie sich von dem dunklen, neutralen Grund ab. Das Licht fällt auf die spitzen Dornen und Konturen, die ihr Charakteristikum ausmachen. Zugleich meint man, sie wachsen zu spüren. Diese Sicht des lebenden Geschöpfes vermittelt das Licht, das punktuell auf die Lebensadern gerichtet ist. Es markiert die lebensnotwendigen Impulse und betont ihre typischen Eigenschaften. Nur ganz selten hat Renger-Patzsch eine Pflanze, ein Blatt, einen Kelch über die Naturmaße hinaus vergrößert, wie Carl Georg Heise in seinem Einführungstext zu *Die Welt ist schön* bemerkt, »niemals ein[en] künstlerische[n] Formenreiz gesucht, den nicht das Objekt selbst anbietet«.

Bei Mack stellt sich diese Pflanze ganz anders dar, obwohl sein Gewächs mit der gleichen Akribie vor der Kamera in Pose gebracht ist. Abgesehen davon, dass die Farbe dem Gegenstand ein anderes Erscheinungsbild gibt, spielt das Licht jetzt eine dramatische Rolle. Zwar legt auch Mack visuelles Gewicht auf die typischen Dornen, aber er nimmt ihnen die spezifische Eigenart, die sie diesem Kaktus geben. Sie legen vielmehr ein dekoratives Netz über das Bild. Nicht mehr die Wiedergabe der reinen Pflanzenform ist das Anliegen, sondern die Vielfalt der Möglichkeiten, die sich dem Fotografen eröffnen. Die Vergrößerung des Objekts spielt bei der Umsetzung der Vorlagen eine entscheidende Rolle. Der bildhafte Charakter wird nicht nur gesucht, sondern behauptet sich als vordringliches Anliegen.

Die Agave, ein Sujet der »straight photography« seit Edward Weston sie 1926 in ihrer gewachsenen majestätischen Form souverän ins Bild setzte, wird bei Renger-Patzsch von oben fotografiert, mit Sicht auf die Blätter und damit das Innere der Pflanze. Mack wählt den Aspekt, den Weston bereits bevorzugt hatte. Aber er zeigt die Agave nicht in ihrer ganzen Prachtentfaltung. Er »beschneidet« sie. Sie ist nicht mehr einem »Musterbuch« zuzuordnen, sondern aus der eigenwilligen Vorstellung des Fotografen geboren. Mack ordnet sich dem Gegenstand nicht mehr unter – er beherrscht ihn.

Dieses Prinzip lässt sich in der Gegenüberstellung beider Fotografen immer wieder aufdecken, zum Beispiel beim Vergleich der *Buchenscheite.* Bei Renger-Patzsch wird die Vielfalt der inneren Struktur gezeigt, die Feinheit der Maserung, die jedem Stück Holz seine Besonderheit verleiht und die den Betrachter reizt, das Foto so nah wie möglich zu betrachten, ganz im Sinne seines Credos, dass »aller Fotografie die genaue Kenntnis eines Gegenstandes vorauszugehen habe«. Nur so wird es möglich, eine Kongruenz zwischen »Gedankenbild und Mattscheibenbild« herauszustellen.

Bei Mack springt uns zuerst einmal die Farbe an. Die Variationen der Brauntöne. Sie bestimmen den Bildcharakter. Die vergrößerte Wiedergabe hebt die Strukturen ungewöhnlich stark hervor. Einzelne Details drängen sich in den Vordergrund und machen auf sich aufmerksam. Die ruhige Ausgeglichenheit bei Renger-Patzsch ist einer lebhaften Kombination repräsentativer Formen gewichen.

Wie fällt der Vergleich der berühmten *Heizeisen* der Fagus-Werke aus? Es sind dieselben Bügeleisen, von Mack in gleicher Anordnung zusammengestellt. Und doch erscheinen sie wie zwei voneinander unabhängig entstandene Bilder. Bei Renger-Patzsch stehen die ins Auge springenden hölzernen Griffe als Träger der Eisen im Vordergrund. Es ist das »Ding«, wie es sich dem Auge darbietet. In der Anordnung liegt die Kraft, um es in seiner unauffälligen Schönheit wahrzunehmen.

Mack hingegen baut eine Armee auf. Als Farben herrschen bei ihm Schwarz und Weiß vor. Die Eisen funkeln, ihr Metall wird durch den dramatisierenden Lichteffekt so intensiviert, dass man sich über den eigentlichen Gegenstand nicht mehr sicher ist. Renger fotografiert mit Naturlicht, Mack mit künstlichem Licht, das er wie ein Dramaturg einsetzt. Diese Vergleiche ließen sich bei allen Aufnahmen ziehen. Mack nimmt die Vorlagen zum Anlass, um daran seine eigenen Vorstellungen zu demonstrieren. Es ist seine Hommage an Renger-Patzsch, den verehrten, den bewunderten Meister der Sachfotografie, ohne den auch die zeitgenössische Fotografie nicht ihren Platz in der Geschichte der Fotografie gefunden hätte. Mack ehrt ihn, indem er ihn nicht kopiert, sondern variiert – mit seinen eigenen Mitteln, seiner eigenen Sichtweise, seinem eigenen Stil.

Das wird auch überzeugend deutlich, wenn Mack Kompositionen im Geiste von Renger-Patzsch erfindet, wie etwa das *Laborporzellan*. In Hamburg arrangiert er dafür einfaches weißes Geschirr vor rötlich-braunem, beinahe nur gefühltem Farbhintergrund auf weißer Fläche. Es ist eine Bildkomposition, ein Stillleben voller Schönheit, dessen Reiz nicht im einzelnen Gegenstand liegt, sondern in der Gesamterscheinung. Eine solche Aufnahme hätte der Sachfotograf Renger-Patzsch nie gemacht. Er schuf keine Stillleben. Er machte Dokumentaraufnahmen. Der um zwei Generationen jüngere Mack nähert sich dem Gegenstand mit anderen Erfahrungen und Vorstellungen als der Pionier einer neuen Fotografie, dem es mit einer letztlich philosophisch-ethischen Einstellung um das Erkennen der Welt ging.

Als Mack begann, sich den Arbeiten von Renger-Patzsch fotografisch anzunähern, hatte er eine Karriere als Reporterfotograf hinter sich. Erst durch die Absage an den Beruf des Reporters wurde er zum Fotografen ganz anderer Wahrnehmungen, von denen dieser Band berichtet. »Stille«, »Weite«, »Nähe« sind Begriffe, die weitab von der Welt des Reporters liegen. Auf dem Weg zu einer neuen fotografischen Inbesitznahme der Welt scheint es konsequent, dass Mack zu den Anfängen seiner Begegnung mit der Fotografie zurückgeht. Was einst sein Beruf war, ist jetzt seine Berufung. Die Auseinandersetzung mit der zeitlosen Objektivität von Renger-Patzsch zwang ihn zu einem neuen Umgang mit der Fotografie. Sein Platz hinter der Kamera war nun kein Sekundenverfahren mehr, sondern eine geduldige Betrachtung, ein reflektierendes Nachdenken.

Überraschend bei dieser Arbeit bleibt, dass Mack trotz des versuchten gleichen Blicks auf die Dinge etwas ganz anderes erreicht. Das »Wesen« des Objektes bleibt für ihn unwesentlich. Sein Kamerablick sucht nach dem Modell, das im Licht zur Entfaltung kommt. Zwei Fotografen – ein Gegenstand. Das Resultat führt wie in der Malerei zu voneinander letztlich unabhängigen visuellen Begegnungen. Eine großartige Demonstration des individuellen Sehens und die Bestätigung, dass jeder seine eigene Welt erlebt und visuell erfährt.

Mack hat seiner Hommage an Renger-Patzsch, der mit seinem Werk wohl entscheidend dazu beigetragen hat, dass Mack Fotograf wurde, den Titel »Nähe« gegeben. Die Welt rückt nahe auf seinen Fotos, und wie Renger-Patzsch sucht er die Nähe zum Objekt, zu den Gegenständen, die unsere Welt ausmachen. Zugleich sucht er die Nähe zu dem Lehrmeister, dem er nie begegnete und dessen Werk für ihn die Entdeckung seiner eigenen Berufung gewesen ist.

94 Messzylinder

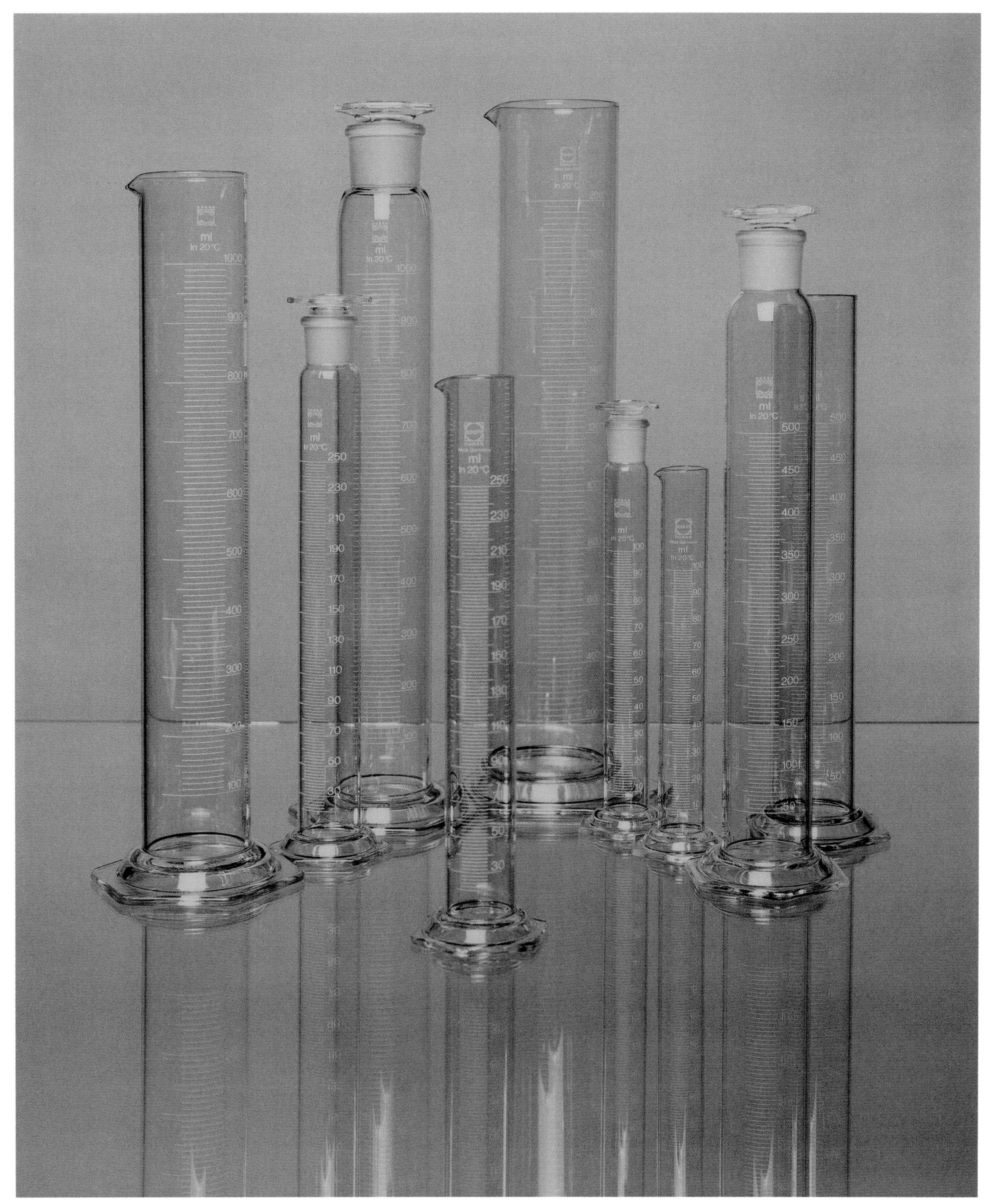
ml
In 20°C
1000
900
800
700
600
500
400
300
200
100

96 Agave americana marginata

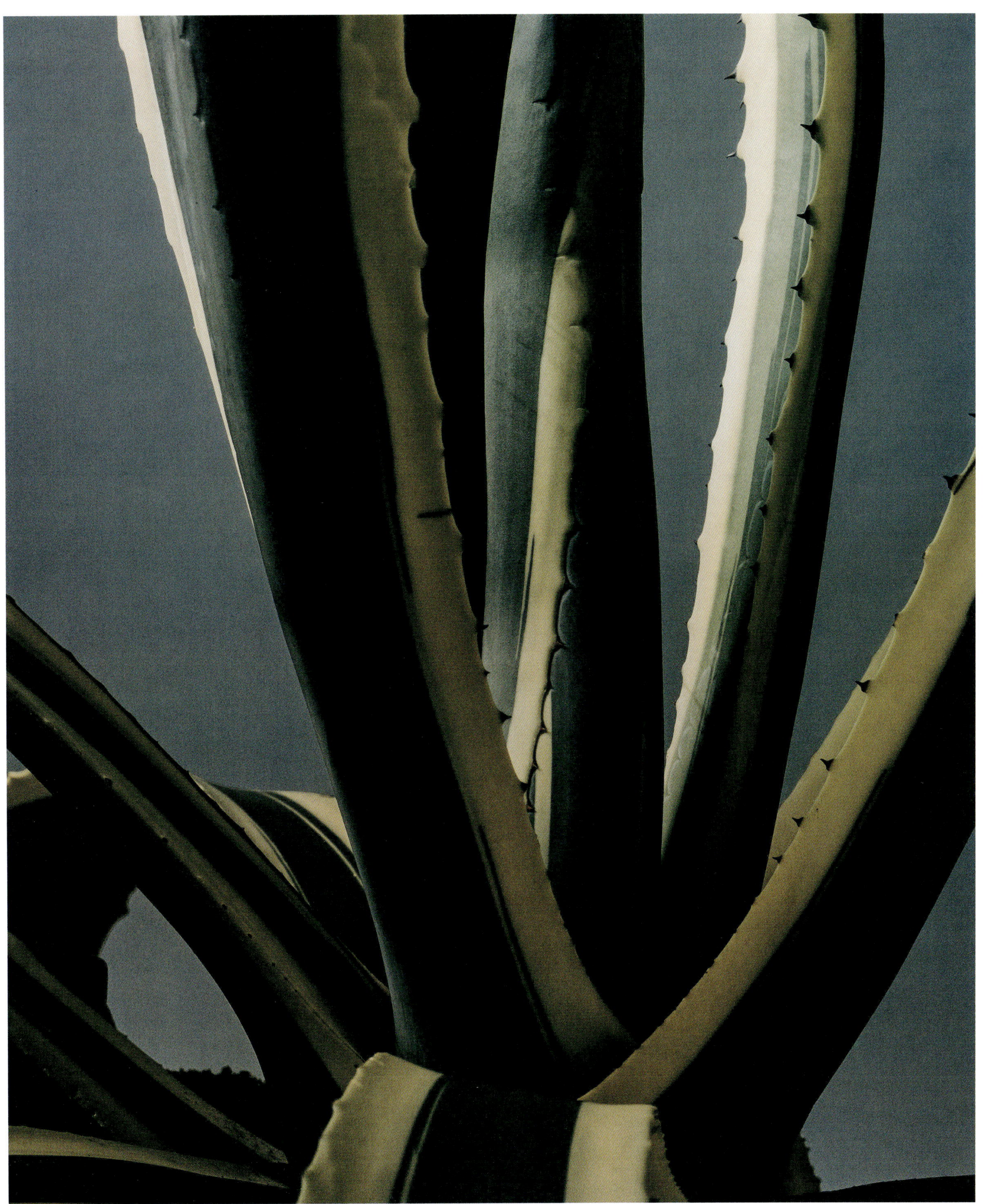

98 Agave parrasana

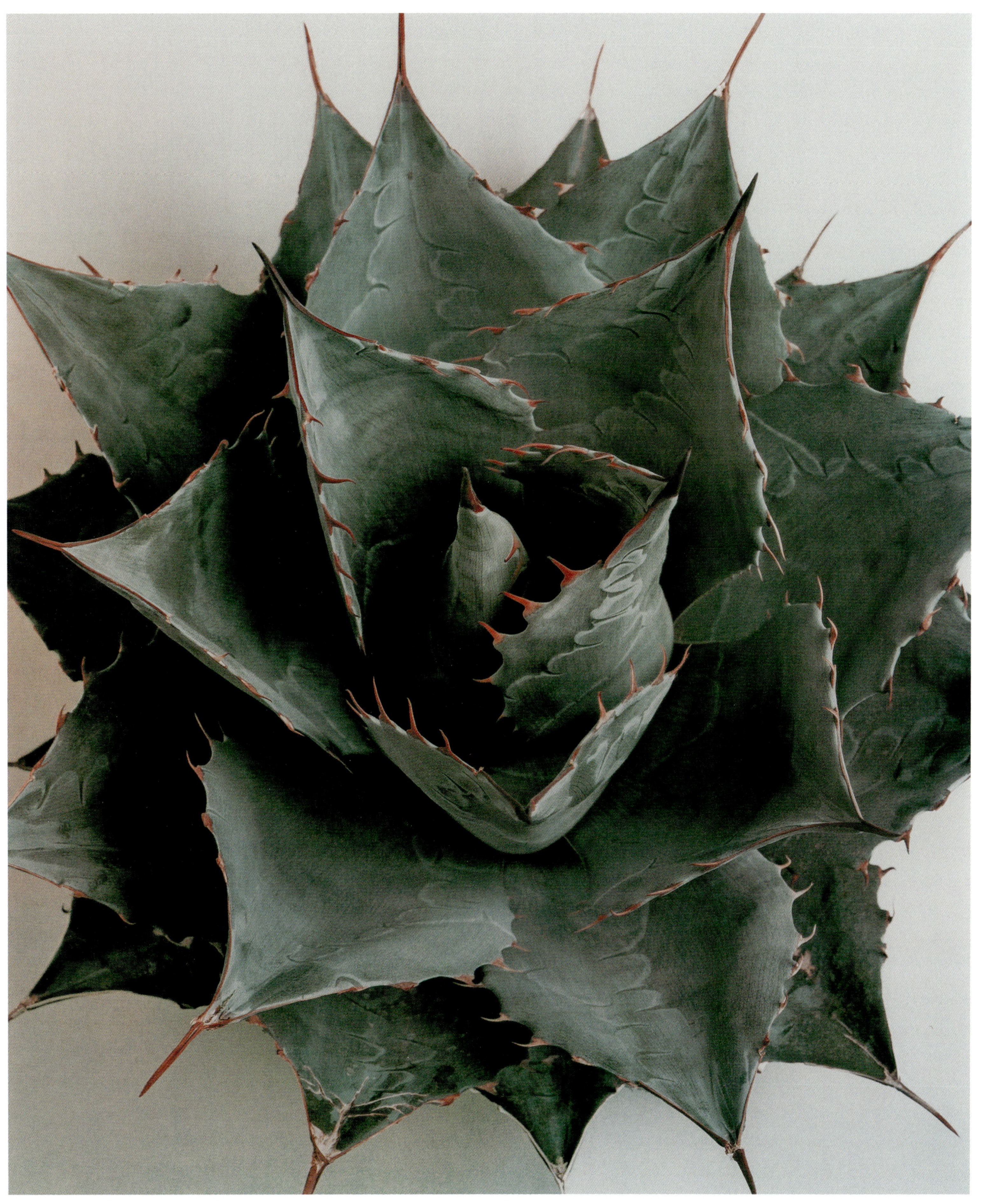

100 Buchenscheite

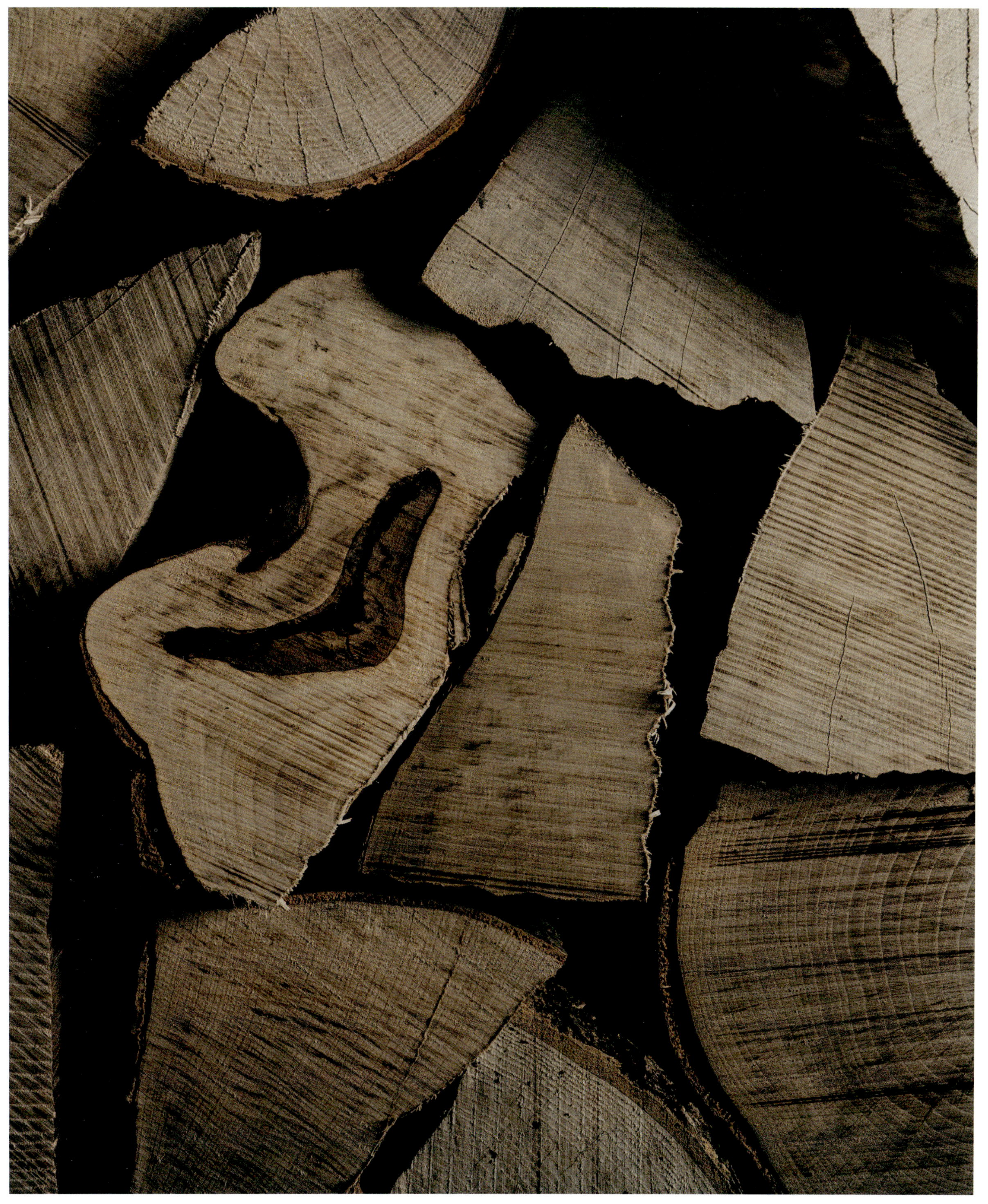

102 Kalanchoe beharensis

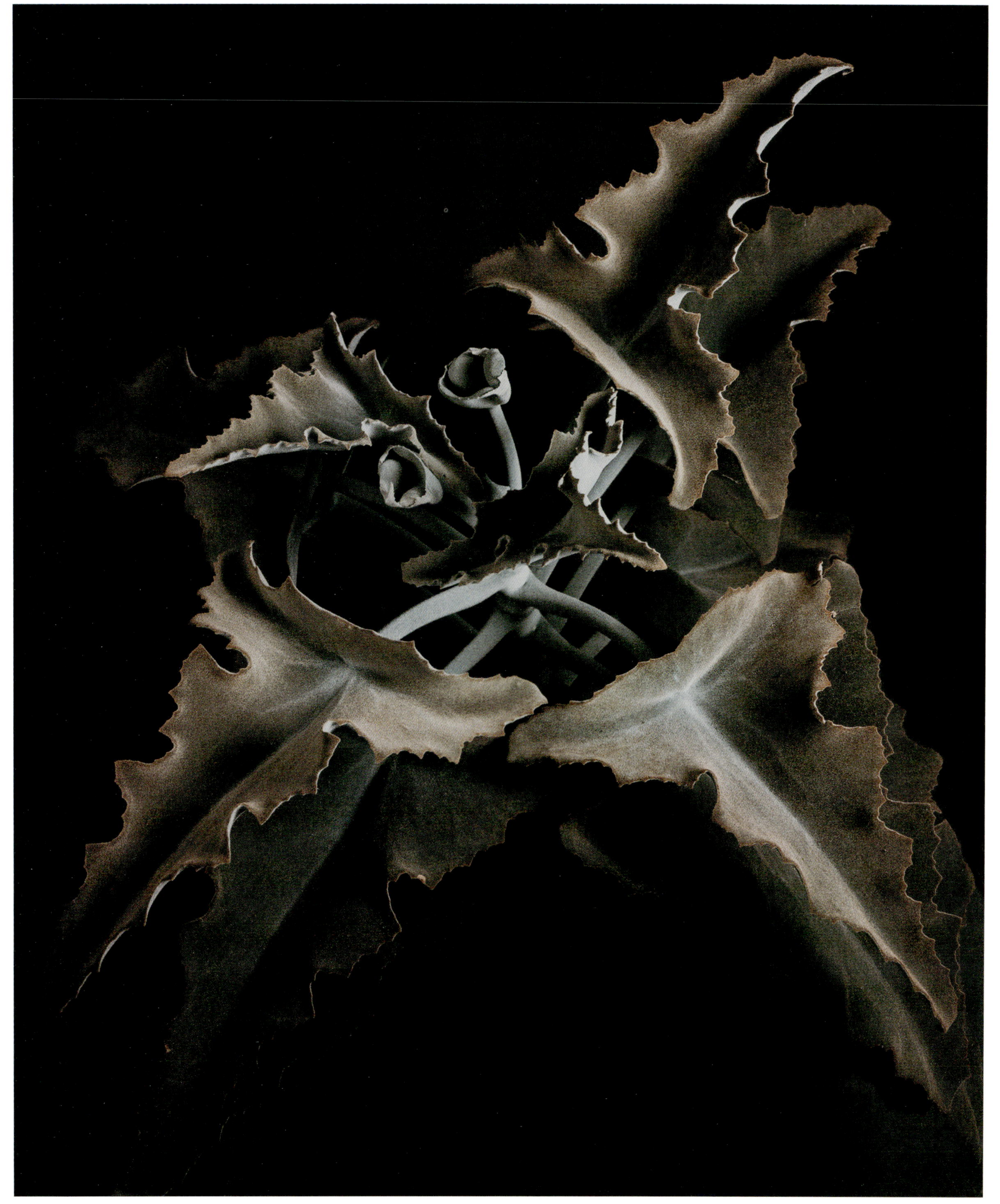

104 Agave victoriae reginae

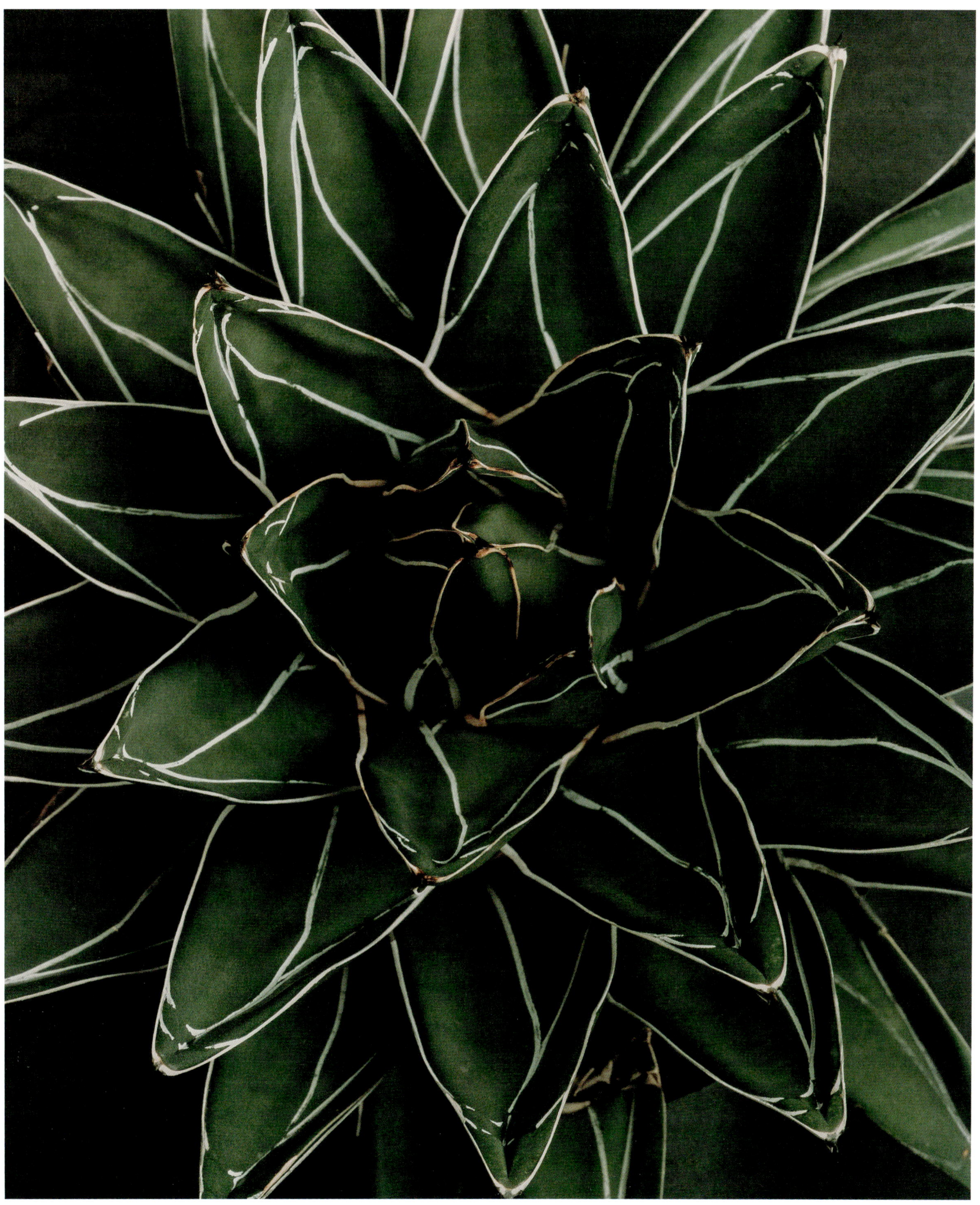

106 Euphorbia ammak

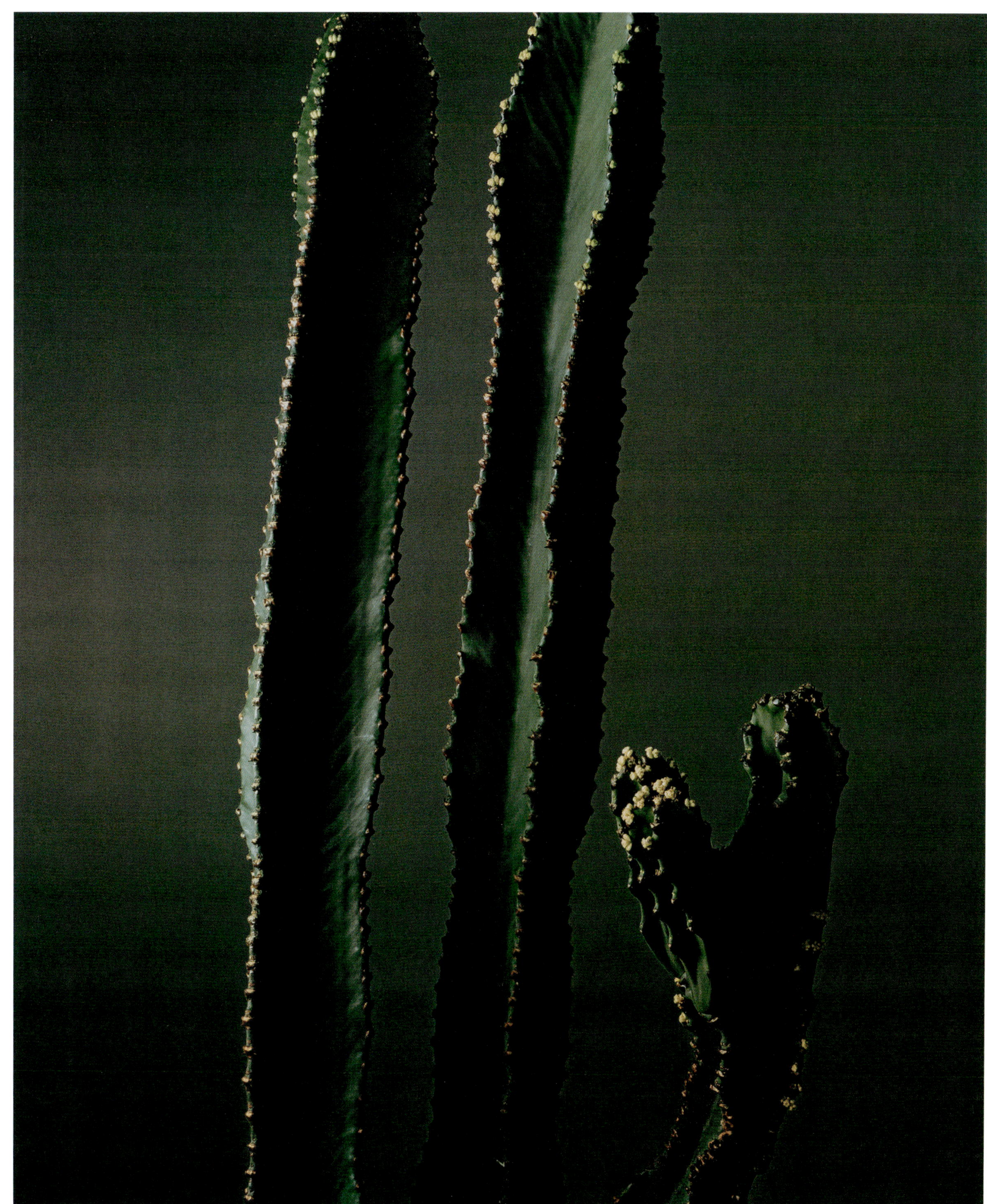

108 Euphorbia grandicornis

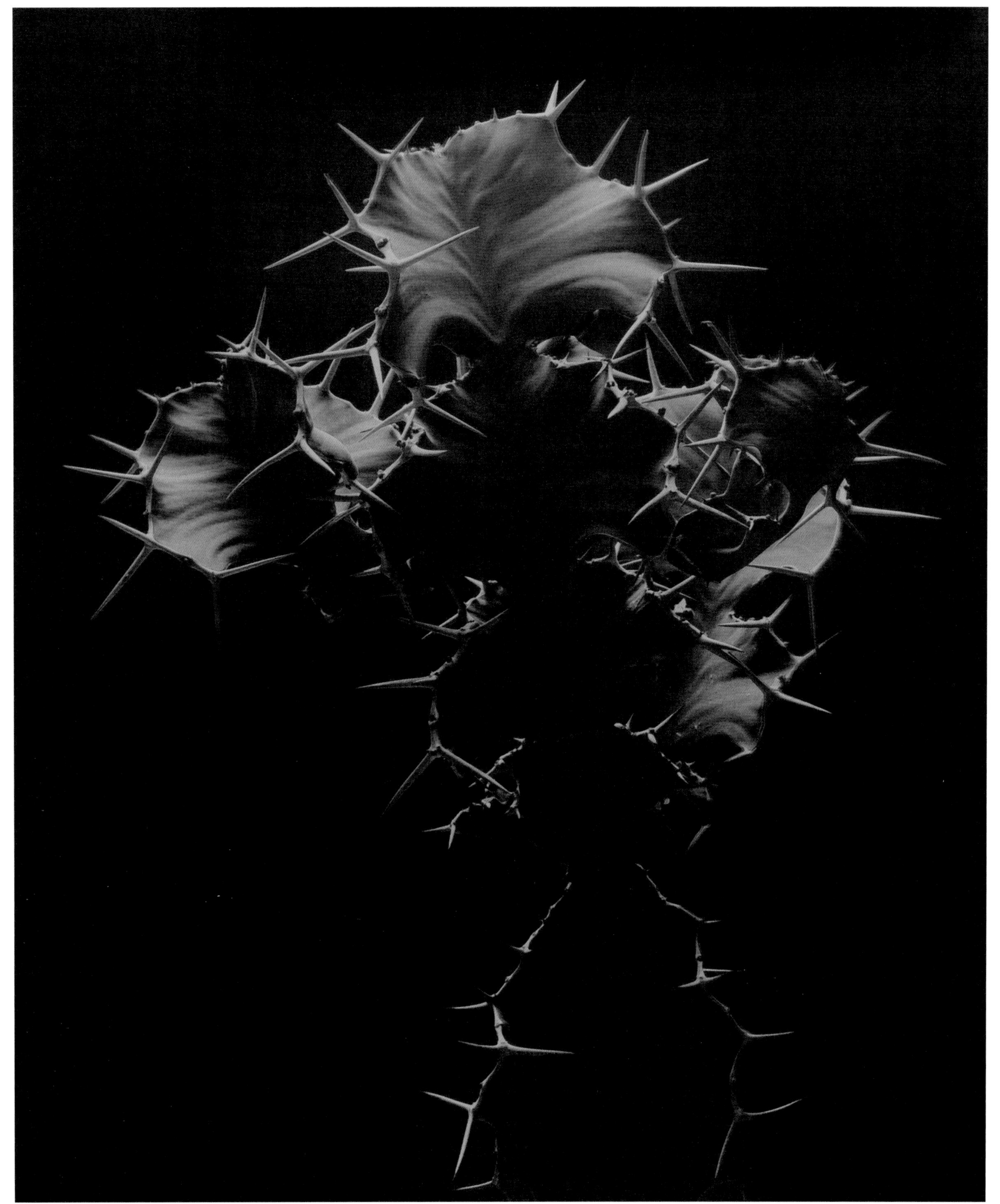

110 Heizeisen

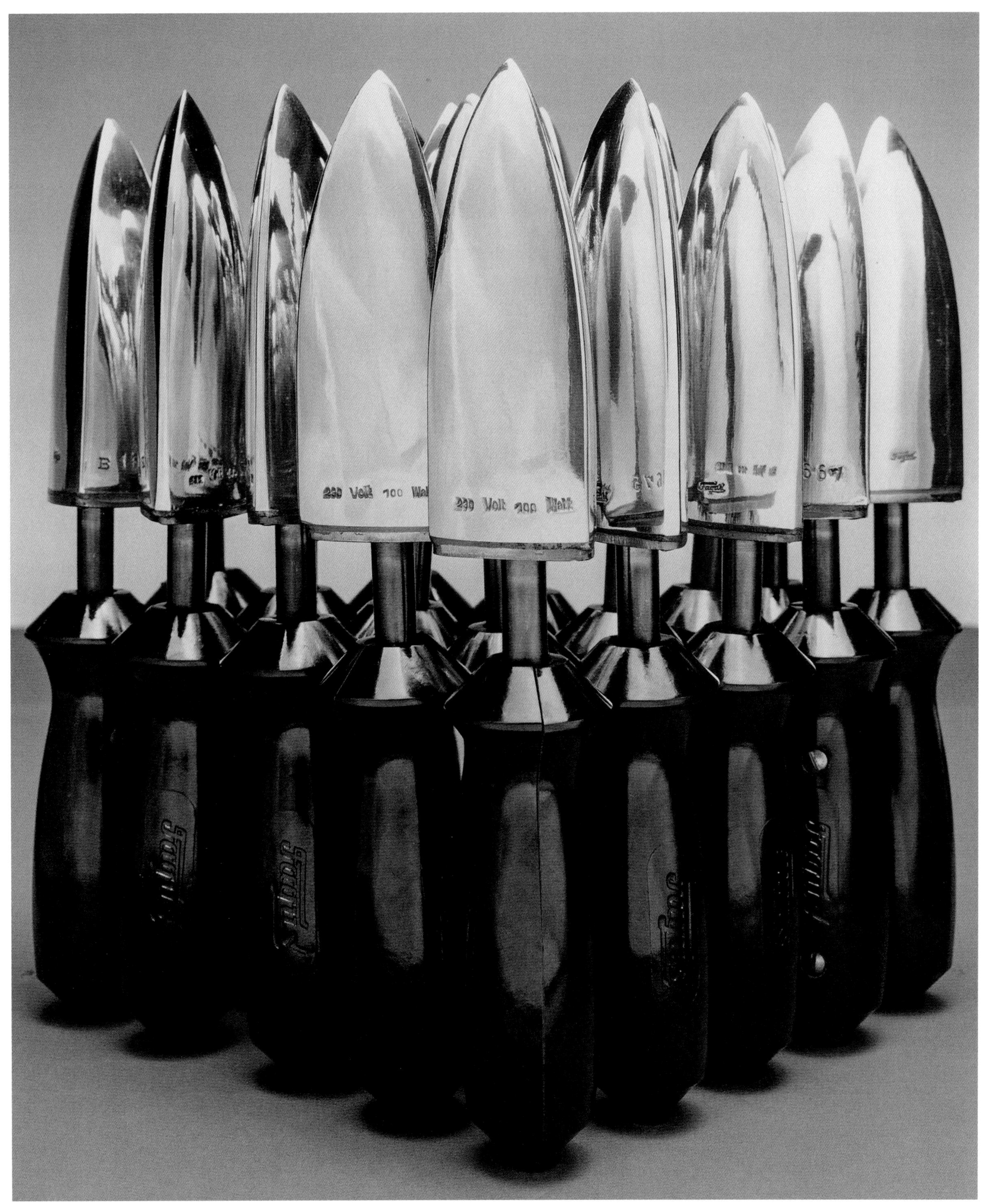

112 Messkolben

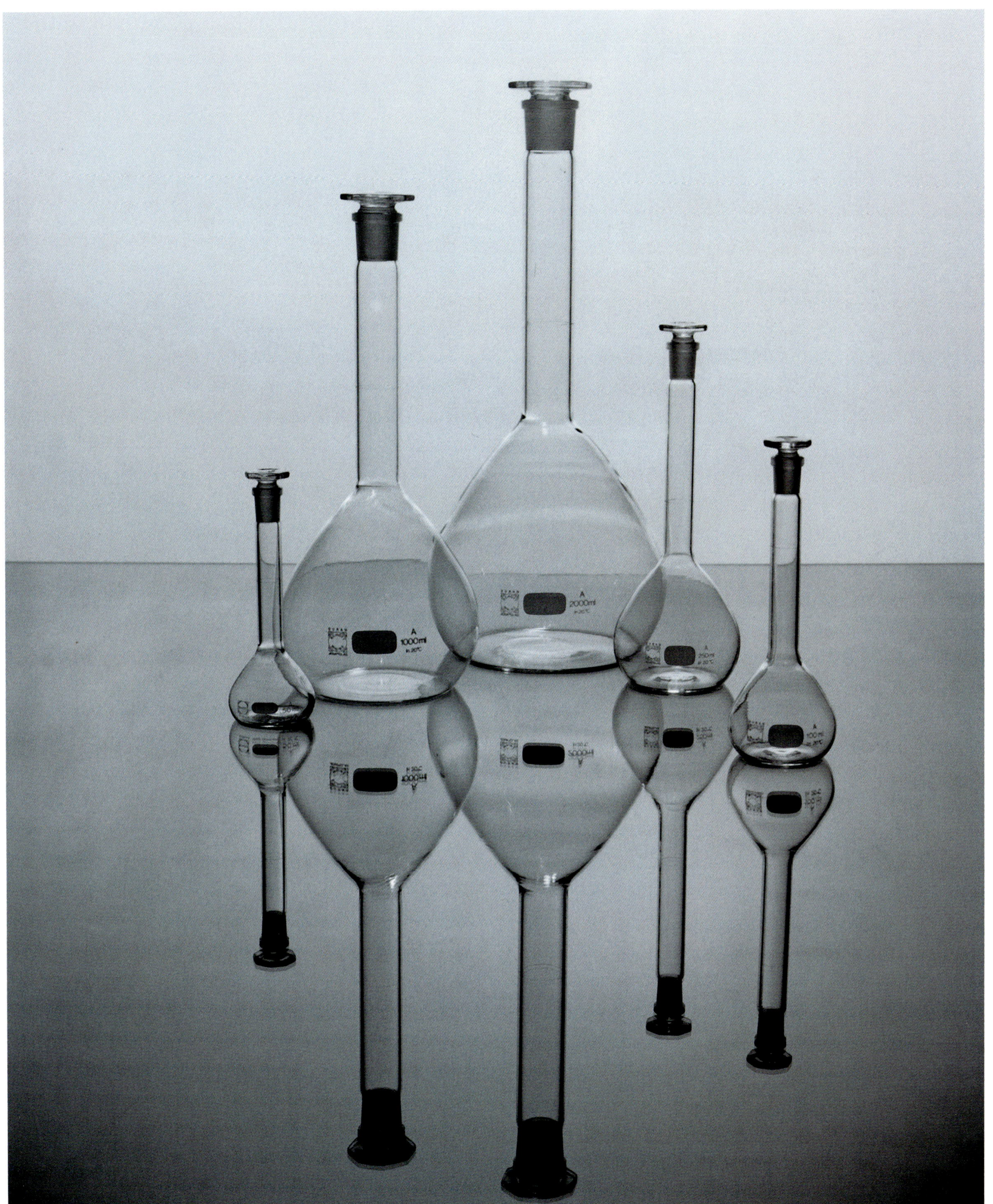
A
1000ml
A
2000ml

114 Kochtöpfe

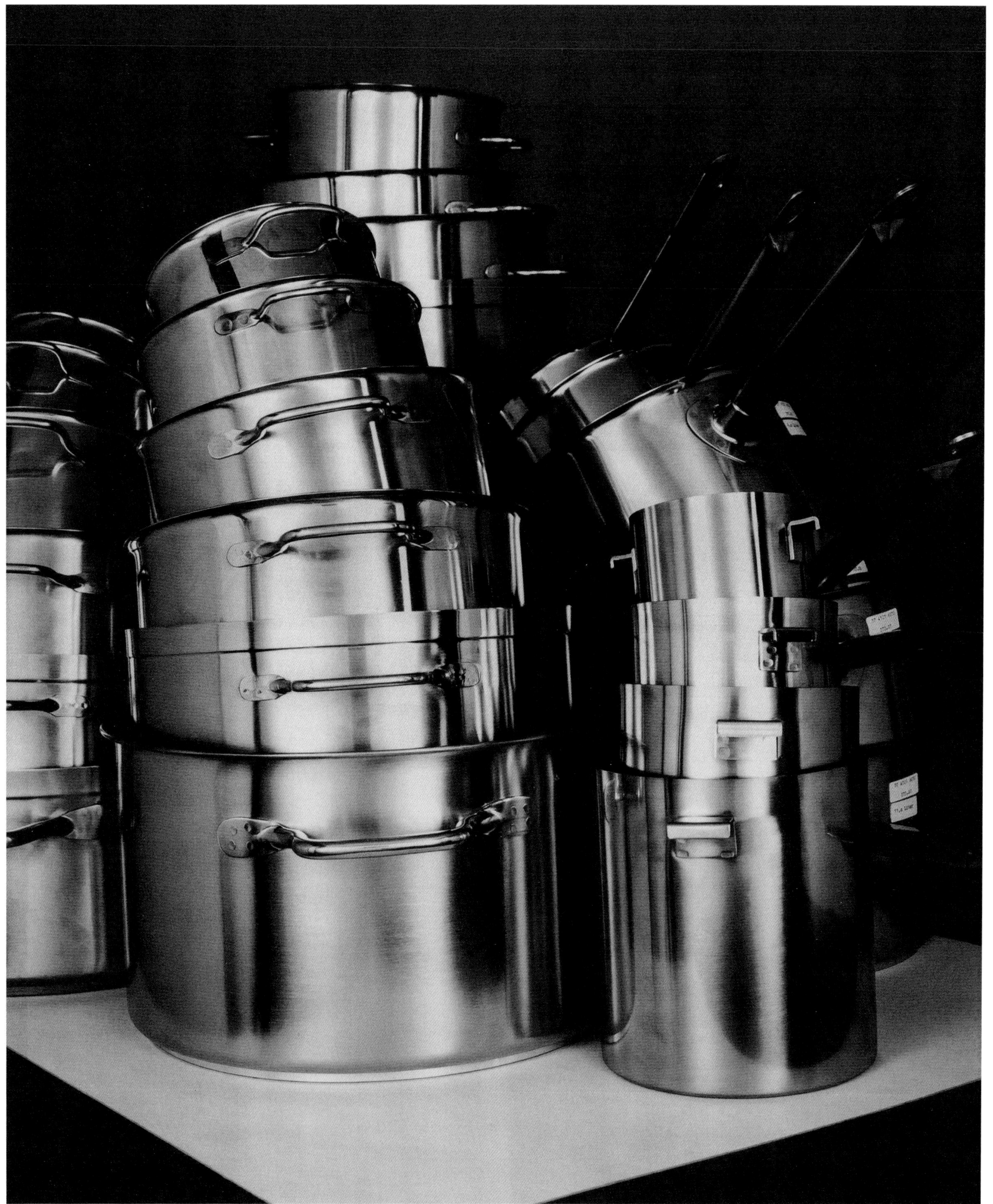

116 Neoporteria villosa

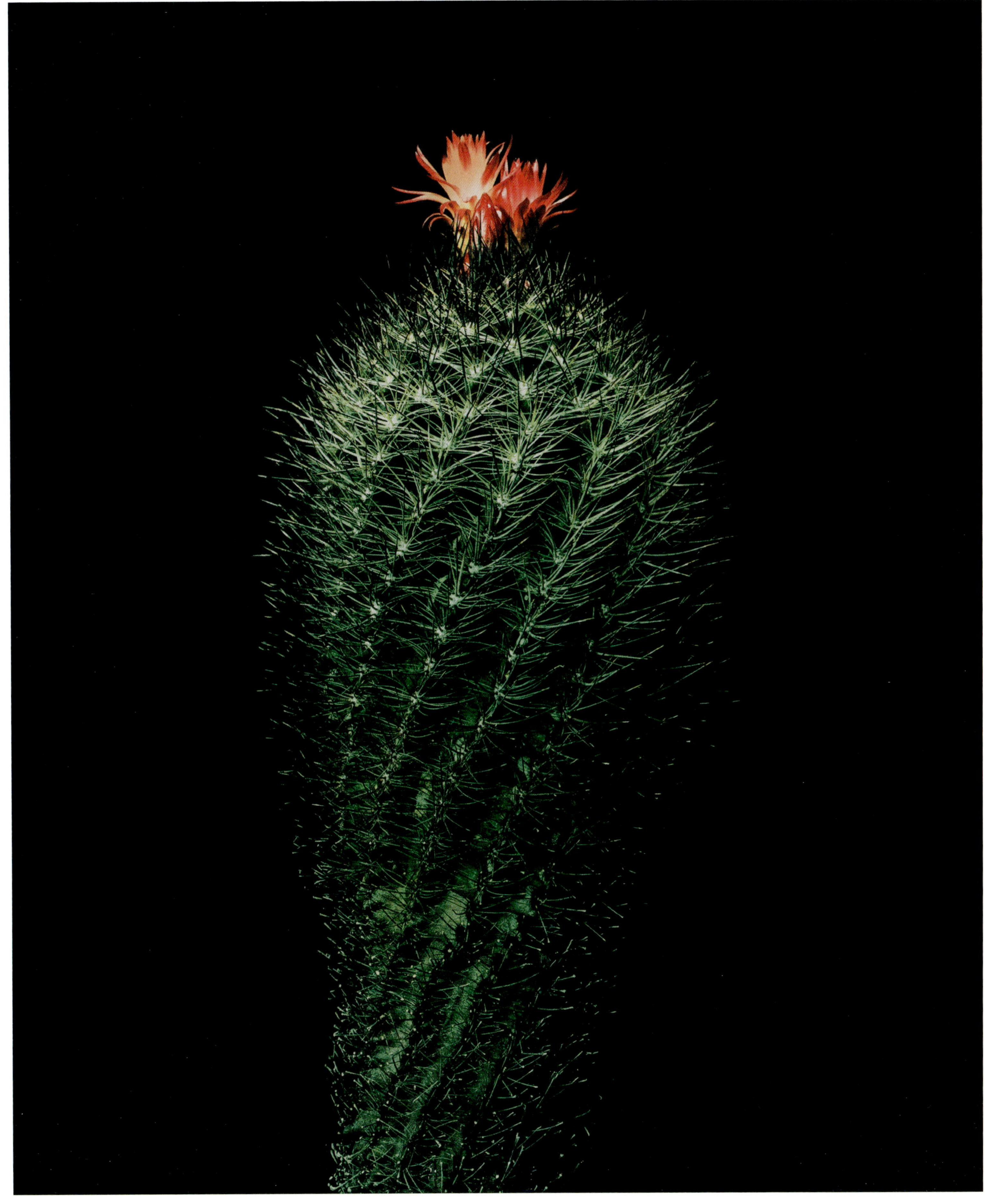

118 Laborporzellan

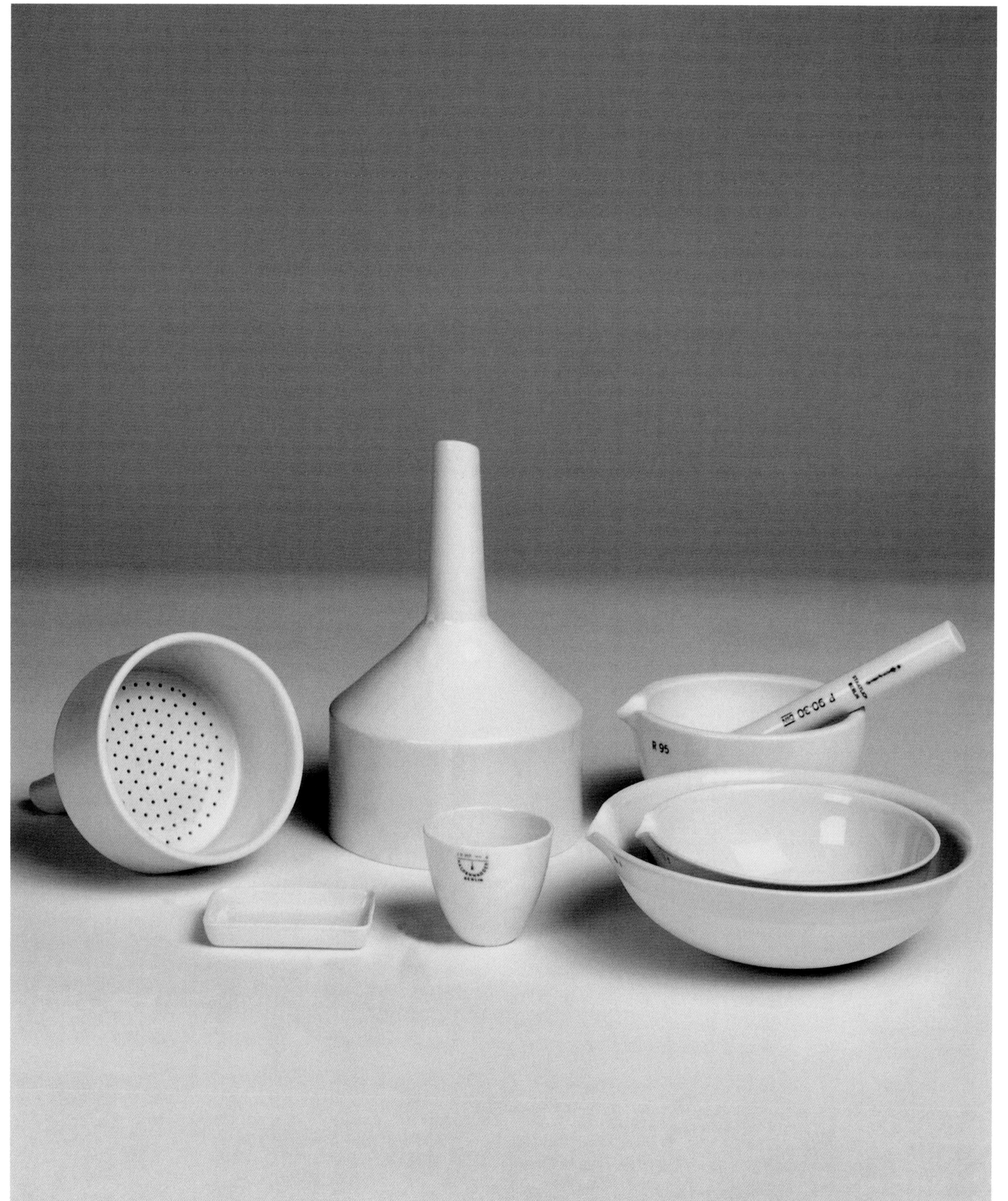
R 95

120 Euphorbia grandicornis

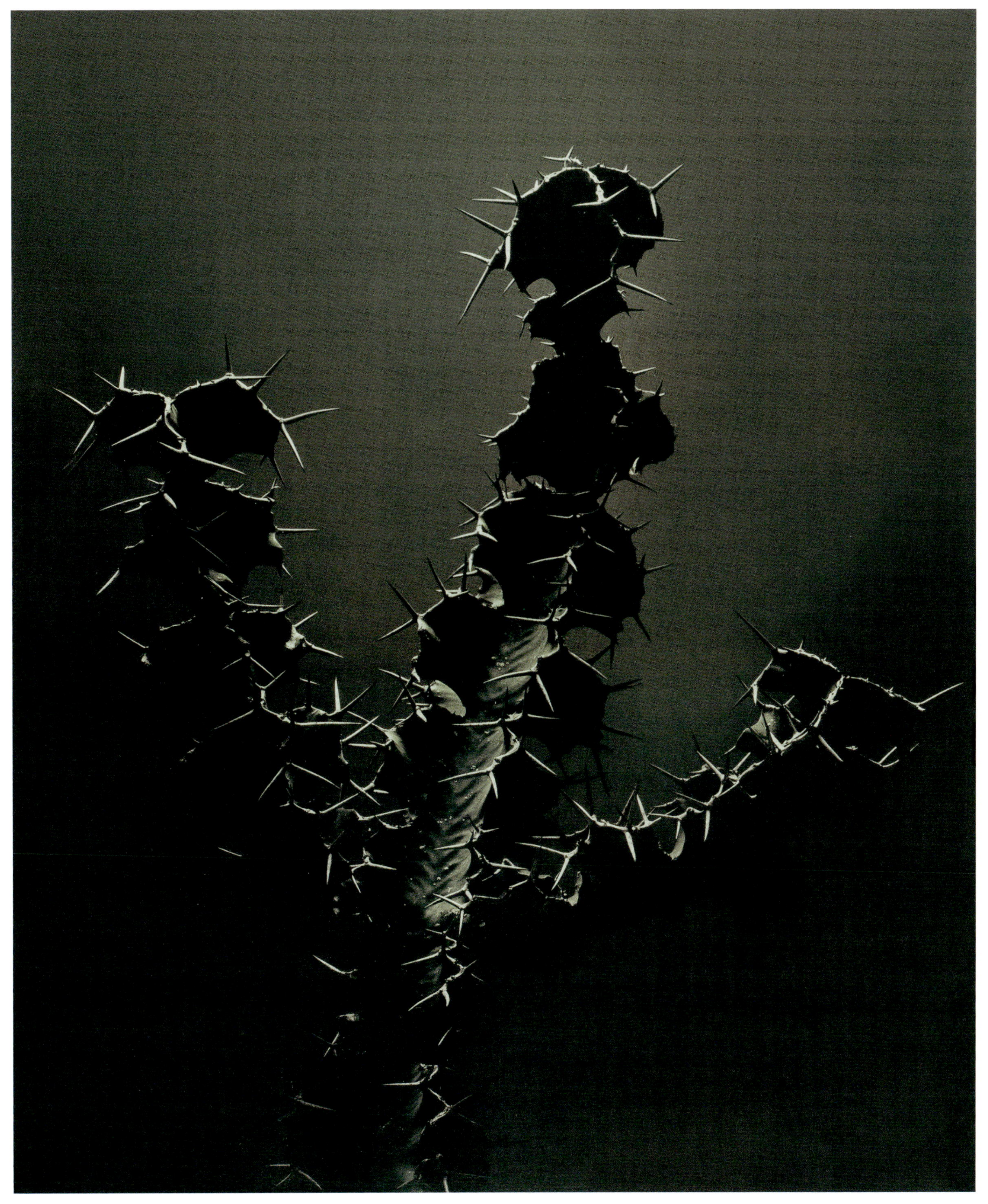

122 Pandanus utilis

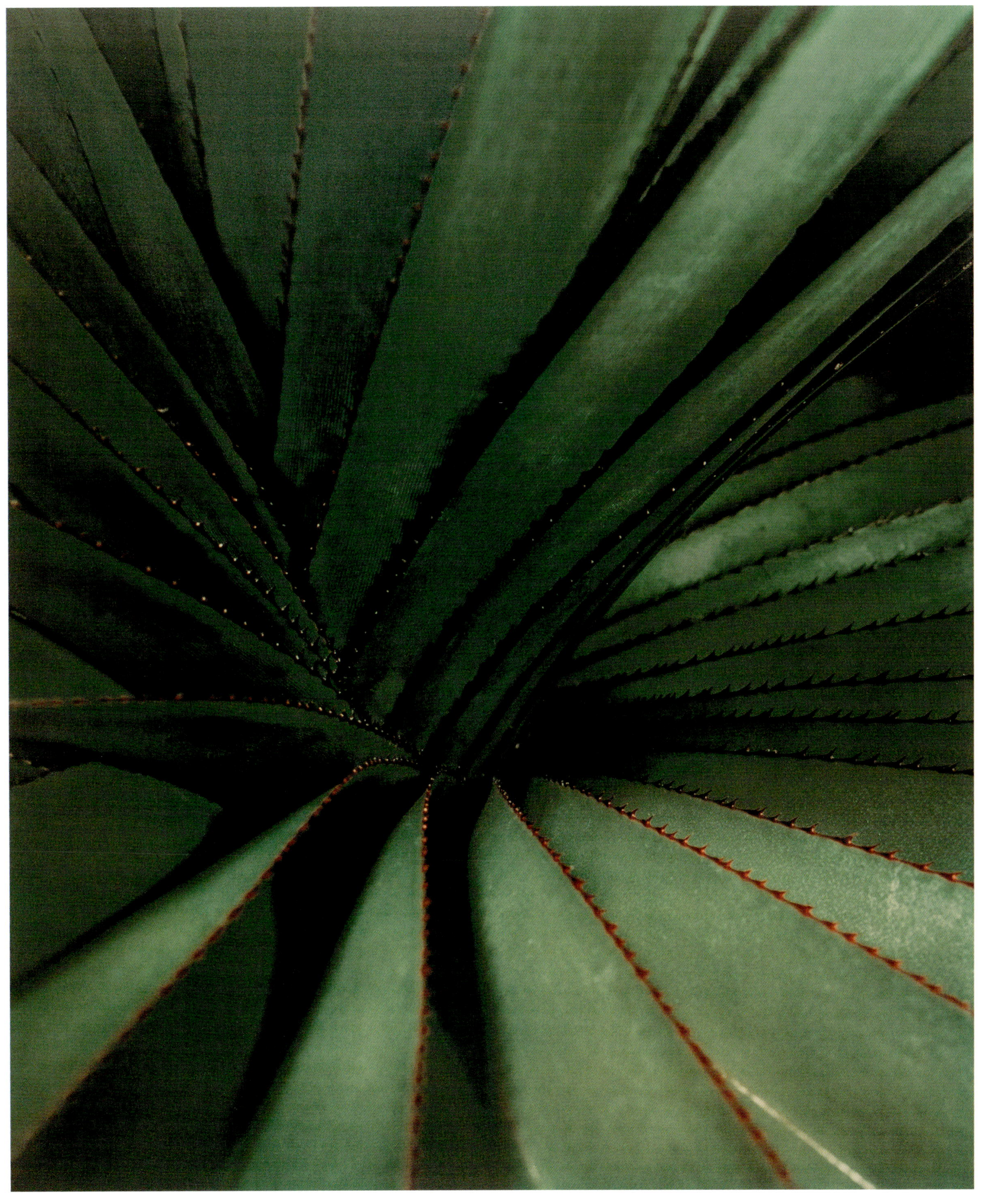

124 Sempervivum tabulaeforme

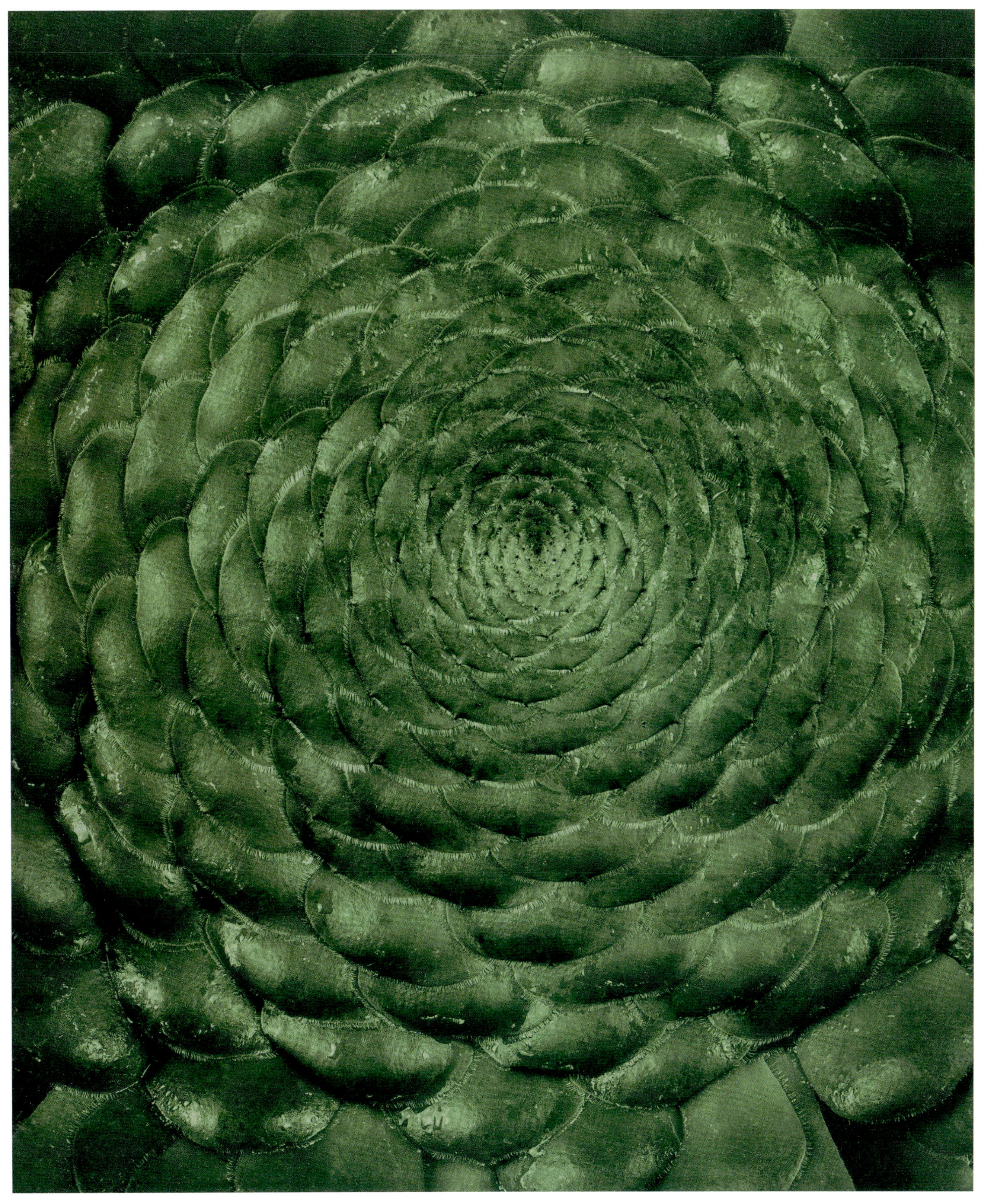

126 Laborgläser

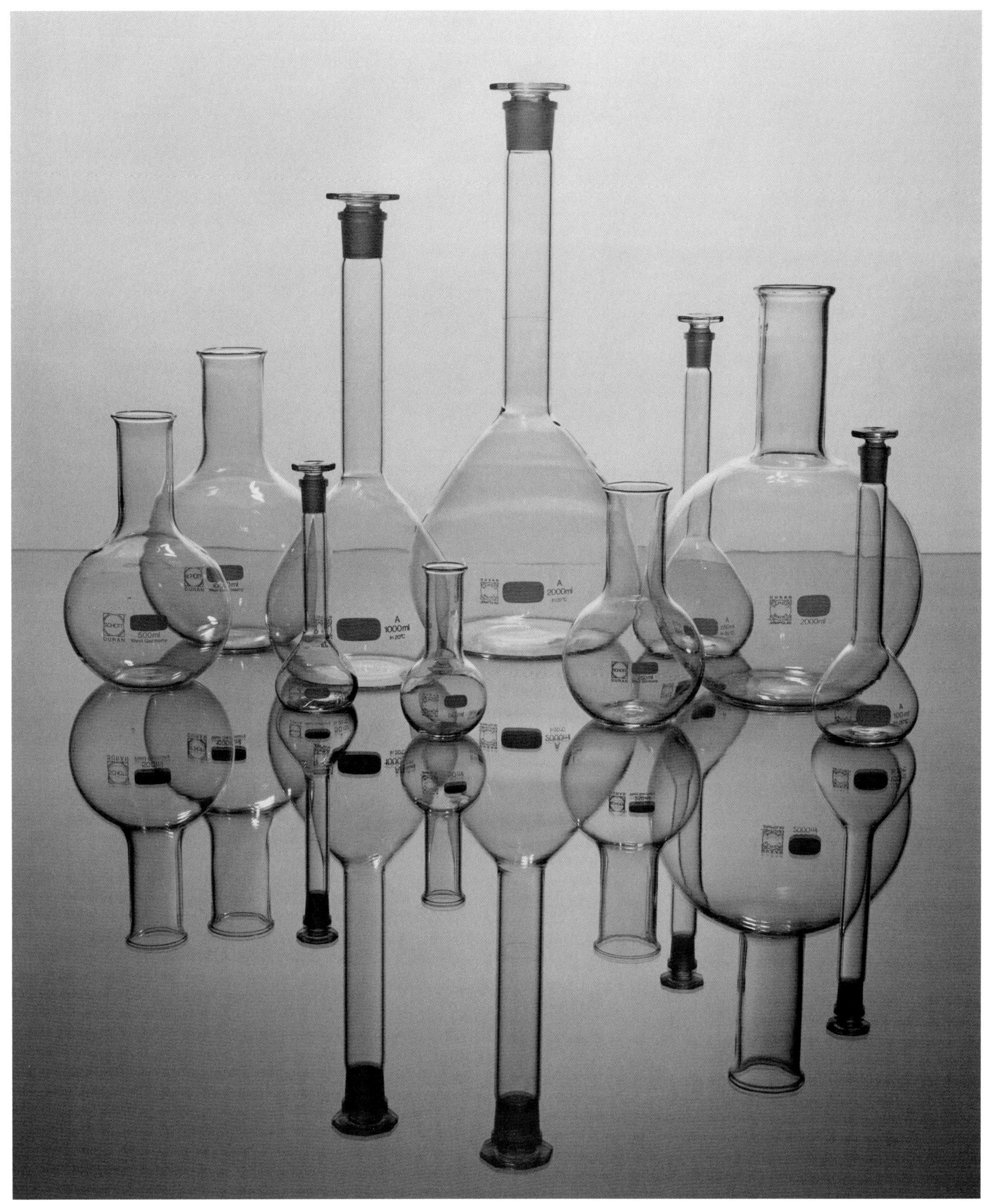

SCHOTT
DURAN
500ml
A
1000ml
A
2000ml
2000ml
A
100ml

Biografie
Ulrich Mack

1934	In Glasehausen (Eichsfeld) als sechstes von neun Kindern des Lehrers Ulrich Mack und seiner Ehefrau Gertrud geboren
1945	Flucht aus Thorn (Westpreußen)
1953–1955	Bergmann im Gedinge, Oberschulbesuch, Abschluss mit Oberprimarreife
1956–1962	Studium an der Hochschule für bildende Künste in Hamburg bei Alfred Mahlau (Malerei) und Eberhard Troeger (Fotografie), Fischer in Spanien, Holzfäller in Schweden
1962	Freier Fotograf in Hamburg
1963–1967	Bildjournalist für *Quick* (München), Arbeiten für *twen* (Art Director Willy Fleckhaus)
1964	Internationaler Durchbruch mit einem Bild-Essay über Wildpferde in Kenia, erschienen in *twen* unter dem Titel »Mondo Cavallo«, Hochzeit mit Katrin Beisert
1967	Wechsel zum *Stern* nach Hamburg
1968	Erster Aufenthalt auf Pellworm für eine *Stern*-Reportage über »Dichter und ihr Paradies: Siegfried Lenz – Pellworm«
1973	Freier Fotograf in Hamburg, Werbung, Filme für den NDR
1975	Lehrer für Fotografie an der Fachhochschule Dortmund
1976–1999	Professur für Visuelle Kommunikation an der Fachhochschule Dortmund
1977	Gründung der Sommerakademie in der Abbaye du Gard bei Amiens, Frankreich, dort bis 2001 jährliche Lehrgänge unter seiner Leitung
1978	Beginn der Dokumentation über Pellworm, seine Landschaft und seine Menschen
1984	Künstlerisches Freisemester (Sabbatical). Daraufhin achtmonatiger Aufenthalt auf Harkers Island / North Carolina mit dem Ziel, die auf Pellworm begonnene Studie durch ein Pendant auf Harkers Island zu ergänzen
1988	Gastprofessur an der Boston University, College of Communication
1993	Umfangreiche Dokumentation über den Holm, ein traditionsreiches Fischerviertel am Rande Schleswigs
1995, 1997 und 1999	Artist in Residence an der Boston University

Ulrich Mack lebt mit seiner Frau Katrin in Hamburg.

Ausstellungen (Auswahl)

1981 Pellworm
Hamburg – B.A.T. Interversa Kunst-Foyer
Pellworm
München – Fotomuseum im Münchner Stadtmuseum

1989 Inselmenschen
Charleroi (Belgien) – Musée de la Photographie

1991 Inselmenschen
Pellworm – Inselmuseum

1994 Mack 60
Hamburg – B.A.T. Interversa Kunst-Foyer

1995 Mack. 60 Photographs
Boston, MA (USA) – Boston University,
George Sherman Union Art Gallery

2000 Inselmenschen. Pellworm / Harkers Island
Boston, MA (USA) – Boston University, 808 Gallery,
Auftakt der Wanderausstellung durch mehrere US-Staaten

2001 Inselmenschen. Pellworm / Harkers Island
Cismar – Schleswig-Holsteinisches Landesmuseum Kloster Cismar

2002 Inselmenschen. Pellworm / Harkers Island
Cappenberg – Schloss Cappenberg
Discoveries
Waltham, MA (USA) – Panopticon Gallery

2004 Ulrich Mack – Weite
Husum – Schloss vor Husum

2005 Hildegard Knef
Berlin – Filmmuseum
Industrielandschaften
Münster – Kunstmuseum Pablo Picasso

2006 Françoise Gilot
Münster – Kunstmuseum Pablo Picasso
Françoise Gilot
Ludwigsburg – Kunstverein Ludwigsburg
Françoise Gilot
Chemnitz – Kunstsammlungen Chemnitz
Hommage à Albert Renger-Patzsch
Berlin – Galerie argus fotokunst

2007 Inselmenschen. Pellworm / Harkers Island
Leipzig – Grassi Museum für angewandte Kunst

2008 Alexander Calder en Touraine
Tours (Frankreich) – Château de Tours

2009 Ruhrgebiet
Berlin – Galerie argus fotokunst
Aktion und Kontemplation – Fünf Jahrzehnte Fotografie
Hamburg – Handelskammer

2010 Ruhrgebiet
Recklinghausen – Sparkasse Vest
Ulrich Mack: Fotografie 1958 – 2001
Schleswig – Schleswig-Holsteinisches Landesmuseum
Schloss Gottorf

2013 Kennedy in Berlin
Berlin – Willy-Brandt-Haus
Kennedy in Berlin
München – Alte Rotation

Auszeichnungen
Buchveröffentlichungen (Auswahl)

1964 World Press Photo Award für den Essay »Wildpferde in Kenia«

1973 Mehrere Goldmedaillen des Art Directors Club

1993 Prämierung der Stiftung Buchkunst für *Der Holm – ein Familienalbum*

1994 Bundesverdienstkreuz am Bande

2009 Deutscher Fotobuchpreis in Gold
und Prämierung der Stiftung Buchkunst für die Publikation *Ruhrgebiet*

2010 Kunstpreis der Schleswig-Holsteinischen Wirtschaft

Mack. Pferde
Text von Dieter Sutermeister. Bern/Stuttgart (Hallwag Verlag) 1966

Der Holm – ein Familienalbum
Hg. von Holger Rüdel. Kiel (Nieswand Verlag) 1993

Inselmenschen. Pellworm/Nordfriesland, Harkers Island/N.C.
Texte von Rüdiger Joppien u.a. Kiel (Nieswand Verlag) 1995

Hildegard Knef – Eine Künstlerin aus Deutschland
(Ausstellungskatalog Filmmuseum Berlin). Berlin 2005

Françoise Gilot – ein photographisches Portrait
Texte von Erika Billeter u.a. Bern (Benteli Verlag) 2006

Ruhrgebiet
Hg. von Hans-Michael Koetzle. München (Moser Verlag) 2009

Kennedy in Berlin
Hg. von Hans-Michael Koetzle. München (Hirmer Verlag) 2013

Die Autoren

Erika Billeter, Jahrgang 1927, studierte in Köln, Paris und Basel Kunstgeschichte, bevor sie 1962 als Kuratorin ans Zürcher Kunstgewerbe-Museum und von dort 1968 ans Museum Bellerive wechselte. Bis 1981 leitete sie als Vize-Direktorin das Kunsthaus Zürich und war von 1981 bis 1991 Leiterin des Musée cantonal des beaux-arts in Lausanne. Nicht zuletzt ihre Arbeit über *Malerei und Photographie im Dialog* sowie ihre Beschäftigung mit der Kunst und Fotografie Lateinamerikas haben sie international bekannt gemacht.
Erika Billeter starb 2011 in der Schweiz.

Hans-Michael Koetzle lebt und arbeitet als freier Schriftsteller, Kurator und Publizist in München. Er hat zahlreiche Ausstellungen – unter anderem zum Werk von René Burri, F. C. Gundlach sowie zur Geschichte der Jugendzeitschrift *twen* – organisiert. Zu seinen wichtigsten Publikationen zählt eine Biografie über Willy Fleckhaus, ein *Lexikon der Fotografen* sowie ein Rückblick auf 100 Jahre Leica (Herbst 2014). Im Hirmer Verlag erschienen *Eyes on Paris – Paris im Fotobuch 1890 bis heute* (2011) und *Kennedy in Berlin – Fotografien von Ulrich Mack* (2013).

»Stille – Weite – Ferne – Nähe«
Ausstellung mit Fotografien von Ulrich Mack
Eine Hommage zum 80. Geburtstag
vom 17. Mai bis 20. Juli 2014 im Thüringer Museum Eisenach, Stadtschloss

Erschienen im
Hirmer Verlag GmbH
Nymphenburger Straße 84
D-80636 München

www.hirmerverlag.de

Autoren
Erika Billeter und Hans-Michael Koetzle

Studio Mack Assistenz
Holger Stumpf
Projektmanagement
Rainer Arnold
Redaktionelle Textarbeit
Michael Seufert
Lektorat und Korrektorat
Tanja Bokelmann

Gestaltung und Satz
Ingo Wulff, Kiel
Lithografie
Reproline Mediateam, Unterföhring

Druck und Bindung
Passavia Druckservice, Passau
Papier
LuxoArt Samt New 170 g/qm

Printed in Germany

Bibliografische Information der Deutschen Nationalbibliothek
Die Deutsche Nationalbibliothek verzeichnet diese Publikation
in der Deutschen Nationalbibliografie;
detaillierte bibliografische Daten sind im Internet
über http://www.dnb.de abrufbar.

ISBN 978-3-7774-2270-1

Gefördert durch

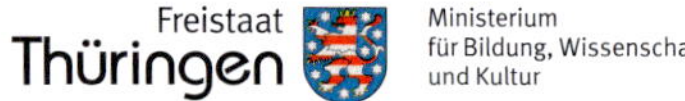

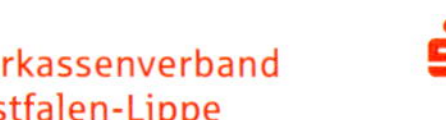

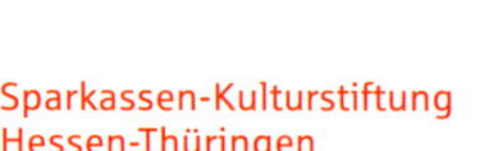

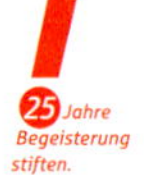

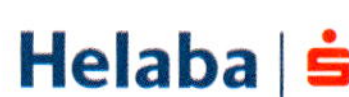